アジア学叢書 365

建設者の息吹

田村敏雄 著

大空社出版

凡例

一、原本の本扉から奥付最終頁までの全ページを原寸（原本は四六判）で収録しました。
一、紙質・刷色は、すべて同一紙（クリーム上質紙）・単色刷（墨色）に統一しました。
一、原本の汚れ、破れ、脱落などは可能な限り修正しました。

第三六五巻 収録内容

『建設者の息吹』

田村敏雄 著　昭和15年　新京日日新聞社出版部 発行

建設者の息吹

建設者の息吹

田村敏雄著

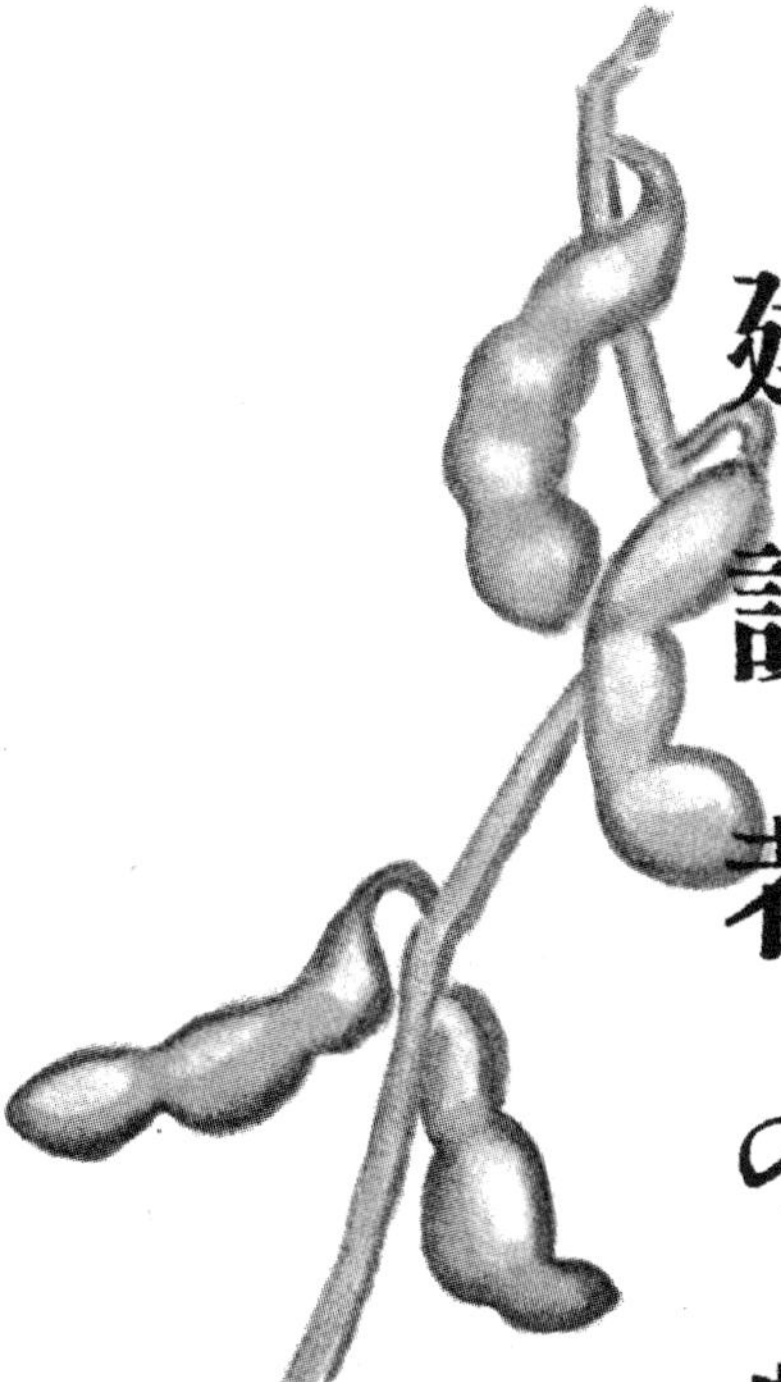

著者の近影

序

「生きるといふことは、考へることである。」といつたら、「そんな馬鹿なことがあるか、生きとし生けるものが、みな考へてゐるとでも思ふのか、なるほど人間は考へる、しかし人間も生物の一種で、考へることは生物の本質ではない、考へないでも生きてゆけるし、現に考へずに生きてゐる、もしくは生きてきた人間は、考へて生きてゐる、もしくは生きてきた人間よりもはるかに多いではないか……。」といはれるかも知れない。しかし、いまさら、コギト・エルゴ・スムなどとデカルトをひつぱりだすまでもなく、人生の本質は考へることにあることはいふまでもない。考へない、ものごとを本質的に深く考へない生きかたは、人間としての本當の生きかたではなくて、それは生物の一種、動物としての生きかたであるといつても、いひすぎではないのである。今日のわれ〱の生活は、その精神的方面はもちろんのこと、毎日の物的生活から社會の關係、國家の制度にいたるまで、われ〱の祖先・先輩が、考へてくれられたおかげでないものは一つもない。すくなくとも「よく生きる。」といふことを人生の目的とするならば、「考へる。」――深く、廣く、どこまでも考へるといふことは、生きかたの基礎であり、前提でなければならない。

ところが、「へたな考へ休むに似たり。」といふことわざもあり、またこのごろは、一にも實踐二にも實踐といはれ、とくに日本では、古來、ことあげせず、あげつらはぬことになつてゐるので、考へるよりも「やつつけろ」式の生きかたを、よしとするかせぬかは別とし、さういふ傾向が多いのが實情のやうに思はれる。だが、これは、考へるといふことを、何か生活や行動とはなれたことと思ひ、また内的經驗と外的經驗とをひどく縁遠いものとすることにもとづく一つのあやまりではなからうか。わたくしは思想と行動、考へることと生きることとが、きはめて密接な關係にあり、實は同じことの兩面だとさへ思ふのである。「行動主義」とか「實踐派」とかいふことがすでに、考へた結果なのだ。人間は考へる生物であり、人間が生きるといふことは考へることである。

しからば、われ〳〵は、何を、どう考へるか。いふまでもなく、この現代を、この環境を、すなはち、滿洲建國といふ、日本國體——超民族的な、人類生活の基本的最高方式——の顯現であり、大陸的發展である、歷史的大事業のまつたゞなかにおいて、生き、考へるのである。われらの考へは、ことの大小輕重を問はず、すべて滿洲國の建設といふことに關連してゐるのである。この建設途上に生き考へることの生きがひを感じない人はあるまい。

本書は、昨年初冬から三ケ月あまりの間、感じかつ考へたことを、毎日書きつゞつて、新京日々新聞の「三寒四溫」といふ欄にのせたものの大部分をあつめたものである。もとより深く、徹底的に思索したり、追究したりした結果ではない。日々わたくしの目にふれ、心にうかんだことを、そこはかとなく書きつけた、いはゞ一つの生活日記である。やかましい體系的な議論でないことといふまでもない。ごく、らくな氣もちで、本書のどのページでも開いて、讀みさり讀みすてていたゞいて、それをよすがとして、いくらかでもわれらの歷史的大建設、新時代的生きかたについてさらに考へていたゞくことにでもなれば、まことに、しあはせである。

紀元二千六百年十月　著者

目次

第一章

今の滿洲に缺けてゐるものは何か？　といへば勿論第一に物だといふだらう。

冬期には、むしろ米よりも大切だと思はれるくらゐな石炭が足りない。「それは滿洲の產業が發展して工業用炭が激增し、人口增加で家庭用炭の需要がのびたからで、決して石炭の生產不足ではない。といつたところで、足りないものはやはり足りないのだ。

住宅難も各地のきなみの現象だが、これまた家が少いのでなくて人のふえ方が激しいのだといふのは、原因の說明にはなるが、不足の事實の補ひにはならぬ。

麥粉も足らぬ、米も不充分だ、鐵も、セメントも、木材さへも足らぬ。

あらゆる物資が足りなくなつてきたが、經濟部當局などは、「これは發展的不足だ、末賴もしい缺乏だ！」などと云ひつゝも、物資の配給調節に隨分と苦勞の多いことだらう。

と共にお互民間の調節をうける側の方も、まあ何といつてもまだほんたうの非常時的心構へといふか、統制經濟機構になれてゐない故もあるが、とにかく主觀的にも、苦痛もあり不自由もある。

だが足りないものは、單に物だけかといふと、さにあらず。

今日の物資不足は一面人口增加、經濟發展の過渡的現象で、或意味ではむしろめでたいことだが、この物の不足の重要原因たる人口增加にもかゝはらず、まだ〳〵人が足りないのだ。勞働者も足りぬ、事務員も足りぬ、技術者は尙ほ足りぬ。さらにほんたうの指導者・統率者に至つては實に不足といふよりはもつとひどい狀態ではあるまいか。

だがこゝでお互は一應考へなほしてみる必要は無いか。

物は無いといつても決してそれだけで增えも生れもしない。

無い物、不足な物資については、われらの對策は二つより他にない。

一つは物をなしですますか、節約するか、つまり物を愛する事で、他の一つはとにかくあらゆる工夫をして、物の生産を增加することだ。

甚だ平凡なことだが、しかし、これより他に何の方法もあるものではない。

人の不足でも同樣だ。まあできるだけ皆がよく働くことと、不要の仕事をせぬやうにすることだ。

役人などは忙しいことをもつてほこりとするから、仕事がないのが一番苦痛で、仕事ずきの、やり手になると色々と仕事をこしらへるものださうだが、ほんたうに人民の役にたゝぬやうな仕事はこの際なるべくやめにして貰ひたい。

會社などでも同様で、他社と協力したら何でもないことまで自分でやらうとして、徒らに、といつたら怒られるかも知らぬが、どこも職員をふやすことにうき身をやつすやうな事がありはせぬか。

物も人も足りないのをお互の心掛けで、益々足りないやうにするやうなことをせぬことがまづ肝要だと思ふが如何。（六，一〇，二〇）

第二章

満洲で足りないものは物資と人材とだと書いたが足りないものは決してそれだけではない。建國大學の名物であり、かつまた至寶ともいふべき登張竹風先生は、かつて「滿洲國をどう思ふか?」といふ誰かの質問に對して、「滿洲國には笑ひが無いね!」といつて呵々大笑されたといふことを傳聞したが、まことに至言。爲政者、とくに協和運動の指導者などにとりては、正に頂門の一針だらう。

何故滿洲國に笑ひが少いか? 少くとも詩人竹風先生をしてさう感ぜしめたかは、お互に猛省すべきことだ。特に日系において大いに反省を要することだらう。

こんな形而上——といふとかたくるしくなるが、まあ心の問題をとりあげてみれば、滿洲國には足りないものが數かぎりも無いと思はれる。

さうして物資の足りないのは生産よりも需要が多いからで、それは發展途上の過渡的現象でいはゞ子供がどんどん發育するので、食べ物はうんと喰ふし、着物はずんずん着破るし、また破れぬまでもすぐつんつるてんになるといつた工合の、いはゞ末頼もしい不足缺乏だが、精神方面の不足となると、どうも趣が異ふ。此頃の寒空に、思はせられることは、單に生理的な寒さだけでなくて、なんとはなき淋しさ、心寒さの感である。

それは若い者のセンチでもなければ老年のわびしさでもない。年壯なる血氣働き盛りの人々でも、凡そ心ある人々の、落ちついた時に感ずる物足りなさである。

創業のあわたゞしさ、開拓のめまぐるしさ、といつたものは勿論人々の心の隙をうづめて呉れる。張りきつて働いてゐる者に淋しさは無いといへよう。

併し誰でも、一仕事やつてほつとする時間はあるものだ。そのときフト捉へられる心淋しさといふものはないか？

現在の滿洲にたりないもので、最も大切なものの一つ、ほんたうに日本人がこの土地に根をおろして、諸民族のリーダーとして末榮えてゆき、いはゆる大陸日本を築き上げて行く上の基本になるべきものは「溫い心」ではないか。眞に、腹の底から出てくる親切心ではないか。

內地人同志の間にさへ、殺伐な、苛烈な競爭ばかりであつては、どうして滿人たちに溫い感じを與へ得ようぞ！

「道は遠きに在り、之を近きに求む。」民族協和だ建國精神だといふことを大聲叱呼する前に、まづ身近いところから、親切な交り、つき合ひから始めようではないか。(六、一〇、二二)

第三章

ちか頃滿洲國の政策の轉換が云々されるやうだ。卽ちいまや產業第一主義から、民生尊重の時代に移りつゝあるし、またさうしなければならぬといふのである。

それは一般の常識であると共に、政府も明年度豫算の編成方針において、民生の向上發展、卽ち保健體育等の厚生方面と共に教育の振興に力を入れる旨をうたつて居る。

さらにわれ〳〵の希望をいふならば、文化一般の向上發展にも一段と力を入れて欲しいものだ。このことは先頃の協和會全聯においても、問題となつたことで、一般國民の等しく希望するところだが、それは單に「健全な娯樂」といつた程度のものに止まらず、もつと高い深い、人間の生活に根ざした文化建設といふことでなければならない。

滿洲が何となく物淋しい、心寒い感がするといふのは、お互が植民人で、よりあひ世帶で、いはゞ停車場の待合室にがや〳〵集つてゐるやうな生活關係にあるからだと云へるが、實は深い人生に根ざした、ほんたうの文化生活・精神生活がない事が根本的原因だ。

どん〳〵と建築はふえる、道路も立派になる、音樂も少しは聽ける、一寸氣の利いた喫茶店とか、カフエーもある、東京の出張所みたいな外形だけはできつゝある。しかしよく觀察すると、それらは何となく落ちつきのない、うはすべりの、物眞似の、一時的ゴマカシのやうな感がしはしないか？

これはこの土地、いや滿洲國自體が新しい創作で、從つて現實的には何といつても植民地であるため、いはゞ成上りものたちの寄り集りだからで、一應はまことにやむを得ざる自然の結果だ。

だといつて、こんな深みも落ちつきも無い生活では、一つのブームのやうなもので、何時しぼんでしまはぬとも限らぬ。

それでは大陸經營とか、新生活の創造とかも、結局、水の泡となるので、ゆゝしい問題だ。爲政者が政策の轉換をはかるのもよいが、つねにふかく人間生活の本質をみつめてやつてもらひたい。

歐洲の時局で物資特に生産の基本資材が輸入困難になつて、五ケ年計畫の修正が必要だからとか、國防國家體制の整備强行で、人民の生活が困難になつたからといふので應急的に、いは

ば對症療法として民生問題をとり上げるといふのでなく、もつと本質的に考へてやつて貰ひたいものである。（六・一〇・二三）

第四章

満洲國は道義國家だといふがそれは正確ではない、道義の實踐完成を目ざした國家だといふべきだ。卽ち日々道義完成への努力をしつゝある國家なのだ。

ところが道義といふ言葉についての世人の解釋乃至その傳統的な意味について、われ〳〵は深く反省し、掘りさげてみる必要がありはしないか？

何故ならば、或る人々は、滿洲國は道義國家だから、法律で縛るのはけしからぬ。滿人たちが「法匪」といつて日系官吏を非難するのは尤もだ！と云ひ、かつ信じてゐるし、また日本內地の批評家などでも、滿洲國は理想主義で建國しながら、今や經濟主義に墮してしまつた！と慨嘆してゐるものがある。

あたかも法律や經濟開發とか物的建設といふものは、道義でないのみか、反道義的なことでもあるかに思ふ人々が少くないといふことは、驚くべき事だ。

しかし、これは東方道義とか東洋道德とかに關する多年のあやまれる解釋から來た傳統的習弊とも申すべく、それだからこそ、われらはこの東洋的概念について猛省すべきだといふのである。

古く東洋の文化史とか、思想史とかを省みるまでもなく、單なる抽象的な、思想的道義などはありやうもないといふことは、われ〳〵の日常生活をすなほにみつめればわかることだ。「武士は喰はねど高楊子。」は何故可能であつたか？　それは一定の食祿といふものが保證されてあつたからだ。

道義國家といふのは、人間の理想を、現實に向上させ、發展させるのを目標として、全國民が努力する國家のことで、從つて、人間が衣食住を離れて生活できぬのみならず、衣食住の質的・量的向上が、生活向上の一面である以上、生產力一般の向上發展を無視したり等閑視しては、道義國家も、理想主義も一片の口頭禪空念佛に陷ることはいふまでもない。

何でもかでも法律で縛るといふことの誤りは勿論だが、大體法律といへば、人間の自由を縛るものとのみ思ふのが、そも〳〵現代の生活を理解しないものだ。

今日の法律の大部分は、形は罰則などを設けてゐるけれども、その本質は全體生活、つまり人間の集團生活を圓滑に、かつ計畫的に運營するための標準――各個人の生活を、團體目的に適合させてゆくための指標――を示すことにあるのだ。

法律は强制力を伴ふから道義的でないと思ふのは自分が道義的でなく、法律の示す目的に自分の行動を順應させる事が苦痛だからだ。法律は現代生活における新しい道德規準を示す具體的經典たるべきものなのだ。

くりかへしていふが眞の道義は、あくまで現實的であり生活的であり、從つて經濟とか法律とかと離れたものでも、またそれに反したものでもないのである。（六・一〇・二三）

第五章

國防國家といふことがよくいはれる。滿洲國政府の近年の豫算方針では、殆ど毎年「國防國家」の完成に向つて大いに力を致すべき旨がのべられてゐる。日滿兩國の國際環境からいつて、滿洲國がどうしても、その國防力を増强しなければならぬことは、もとより言をまたぬ。

しかし一體國防といふ事の眞義は何であるか？　國防力といへば一應は誰にもわかるが、それも現在では單なる物的戰鬪力だけでなくて、國家の綜合力、いはゆる總力戰に備へる要があるので、國防國家といつても、決して種々なる設備だけでないのは勿論、おほいに國民の體力を練り、兵を充實しなければならんが、實際はもつと〱深く考へる要があるのだ。

卽ちほんたうに强い國といふものは、物が多くて、體力の强い兵隊が多いといふだけではなくて、國民全體が、心から國家を愛し、國家の目的を理解してゐるのでなければならない。

そこで思ひ出すのは石原將軍の言だ。

石原將軍は先年某處で國防論を講ぜられた際に「國防とは國策の防衛である！」と喝破せら

れた。

國策の確乎たるものがなくして、徒らに國防呼ばはりをしてゐても、それはともすると形式になり形骸になるぞといふ意味だらうと思ふ。

然るに國策とは何かと、いふとそれは一言にして云へば、理想實現のための國家の政策だ。だから眞の國防の意味は國家理想實現の基本方策を防衛するといふことにある。理想が第一だ、政策が第一だ。

この基本的理想と、その實現の方策とが確立してゐるのでなければ、眞の國防の意味がわからず、從つてほんたうの强力な國防國家も實現出來ないわけだ。

爲政者に望むところは、願はくば常にこの人間理想實現の方策を防衛するといふ國防の根本義を須臾も忘れないで種々の方策を考慮し、實施して貰ひたいといふことだ。

根本的な人生觀も世界觀もなくて、場當り式に政策の轉換などをやつては、それこそ浮草的政治になつて、滿洲建國が危くなりますぞ。（六，一〇，二四）

第六章

政策轉換が客觀的情勢としても要請されつゝあると共に、それが今や朝野の輿論となり、すでに實行に移らうとしつゝある事は、眞の建國に向つて大切な基礎を固めるものとして、喜びにたへない。

つひ最近までは、政府當局者も、ジャーナリストも、ほとんど語呂合せの如くに、三大國策――産業五ケ年計畫・北邊振興・開拓政策――を呼號してゐたもので、心ある者は、いはゆる三大國策の重要性は充分に認めるけれども、否その眞の目的を理解して居るだけに一層、もつと根本的な、民生の安定向上、人心の歸一統合、つまり厚生行政と文教の振興とに重點を置くべきだと考へ且つ主張してゐたものだ。

さうして、いはゆる三大國策に加ふるに、上記の二大國策をもつてして、五大國策とすべしとの聲も聞えたが、論者あり、曰く、民生の向上とか文教の興隆とかは、國家永遠の基本政策であつて、いはゆる三大國策の如き當面の問題と同一視すべきではないと。

これはまことに尤もな議論ではある。しかし御說は誠に御尤もなれども、然らばこの國家永遠の大國策は、はたして目下充分實行されつゝあるか？　いやさ民生の問題、教育の問題は、さしむき何等の急に迫られてゐないのか？

あへて國內の事情を調査するまでもない。經濟的生活の問題は衣食住の三方面とも、愈々窮乏をつげつゝある。さうして生活問題は單なる經濟問題からさらに、保健の問題、思想の問題にまで進展惡化しつゝあることも、識者の認むるところだ。とすれば、二大根本國策も、いはゆる三大國策と共に否それ以上に、當面の急務として重點を指向し、萬全の工夫施策をなすべきだらう。

ところで厚生方面の重點として、禁煙運動――阿片斷禁國策の强行徹底を期するため、禁煙總局といふ强力なる禁煙行政機關ができるといふことは、滿洲國が眞に道義國家たることを世界に誇示するものとして快心の至りだ。阿片の斷禁が成功すれば單にそれだけでも滿洲建國の意義があつたといつて過言ではあるまい。

しかし更に積極的厚生方策として、眞に國民の保健、體力の增强をはかるために「厚生科學院」の設置が計畫されつゝあることは、誠に心强いことで、是非ともそれの早急實現を期したいものだ。

けれども今から多少の懸念があるのは、その設立の曉において、果してどんな研究が行はれるかといふことだ。いはゆる學問的研究、科學的研究にのみ沒頭して、學位論文や學界に報告する新研究許り盛で、一向國民の日常生活が改善されず、健康も增進しないといふやうなことにならぬよう、千祈萬禱にたへない次第である。（六，一〇，二五）

第七章

かつて鮎川義介氏は満業總裁として滿洲に乘込んで間もない頃、在滿日本人の生活様式のあまりに故國そのまゝであるのを滿人生活様式と比べて、どうしてもつと滿人に學ばないのだ？「郷に入つては郷に從へ。」だ。滿洲に來たら滿人式の生活をするに限る！といつたものだ。

勿論この言は、やゝ奇矯に過ぎよう。一般滿人は決して理想的な生活をしてゐる譯ではないので、彼等の生活様式の中には、單なる傳統や、無智から來る極めて不合理な、または非衛生的な、一日も早く改むべきことも多々あるであらう

しかし、一見極めて素朴であり、もしくは野蠻未開、或は低級だと思はれる彼等の生活方法の中にも、その大陸生活における經驗から得た貴い叡智のたまも、のも決して少くないといふことを考へねばならぬ。

滿人は自然的な生活をしてゐるから、弱い者は早く斃れて、強い者だけが殘るのだ。だから彼等の病菌に對する抵抗力は日本人より遙かに強いのだ、といふ說もある。

事實、今年の夏、新京に赤痢患者續發して市立傳染病院が滿員となつたときでも、日本人よりずつと非衞生的(?)だと常識的に考へられてゐる滿人の方が、はるかに日本人より罹病者が少く、日本人のそれの二三割だつたといふ。

また此の秋の大連のチブス猖獗は近來の大さわぎだつたが、こゝでも患者は殆ど全部日本人で、滿人の罹病者は極めて少かつたといふことだ。

そこで、滿人は漢法醫にかゝるから傳染病をかくしてゐるのではないかとの疑を懷く向きもあつたが、よく調査してみると、多少の事例はともかく、大體において患者隱蔽といふやうなことは大したことではないといふことがわかつた。卽ち事實滿人は赤痢やチブスに對して抵抗力が强いといふことになつたのだ。

何故だらう? それは滿人が生水を飮まぬこと、必ず煮た物を喰ふこと、それに反して日本人は生水・生物をどし〳〵飮みかつ喰ふから、傳染病にかゝるのだ、といふ說がある。或はさうであらう。併しはたしてそれだけだらうか? 滿人の病菌に對する抵抗力が强いことには、もつと他に原因がありはせぬか、例へばその食物の配合などに特殊のものがないだらうか?

滿人の日常食物の研究、その健康乃至は病菌に對する抵抗力との關係の調査などは、價値のないことだらうか？　或は調査不可能のことだらうか？

かういふ卑近な研究、食べ物や衣服や、住宅のごとく、日常的なものの調査を滿洲のどこかでやつてゐないとすれば、醫大などでも、やつてほしいものだが、特に新設を傳へられる厚生研究院などでは、まつさきにかういふ手近なところの研究から始めて貰ひたいものだ。

傳聞するところによれば、京大の戸田正三博士は、その主宰する興亞民族生活科學研究所の研究題目のなかに、米――東洋人の主要食物たる米の全面的研究をとりあげて居られるとのことだ。アジア數億の人類が、何千年來常食として來た「米」の綜合的科學的研究が今日までなされなかつたといふことは、考へてみれば、不思議なやうなことだ。しかしかういふことは敢て米に限らぬと思ふ。われ〳〵は、學問とか研究とかいふと、いつも餘りに日常生活からかけ離れたものと思ひ勝ちなのだ。

これは東洋古來の學問の傾向では斷じてないので、西洋科學思想の形式的な淺薄な飜譯、ものまねの流弊だ。

「生活科學」とか「厚生科學」とかの研究なり、施設なりは、まづその根本指導精神を、眞のわれ〳〵の生活そのものの具體的な、實際的な改善向上といふことに、明瞭・確然と指向して

出發しなければならぬと思ふ。（六，一〇，二六）

第八章

「最も多く最も美しい病院を有する民族が最も健康なのではない、最も病院を使用すること少き民族が最も健康なのである。」

これはドイツ國醫師指導者ワグネル博士が、一九三七年ベルリンで開催された國際醫師再教育會議において述べた挨拶中の一句である。（櫻澤如一氏著「人間の榮養學及醫學」に依る。）が、われ〳〵はいまさらワグネル博士に敎へられるまでもなく、この眞理をわきまへてゐるはずである。

然るに文化愈々開け國力愈々發展して、ます〳〵病院施設が整備し充實し、しかもその善美宏大なる病院がどこもかしこも超滿員なのは一體どうしたことか？

民生の向上發展に政策の重點を指向するといふことは大いに可、さうしてその政策の具體的內容が、病院の增設や、醫科大學の新設もしくは厚生科學院の創設等々である。

だがこれらの施設や研究をやるにつけても、常にその根本目的を忘れぬやうに、ほんたうの目標を見失はぬやうにして貰ひたいものだ。

現實世界においては、さしむき醫者も病院も必要である。しかし醫者や病院はそれが不要になることが人間の生活の理想だといふことを、念々護持してほしいものだ。

すでに識者の定說となつてゐるのは、醫學もいはゆる治療醫學から豫防醫學に進まねばならぬといふことだ。つまりできた病人、それも百人に何人といふ少數をなほすことよりも、病人のでないやうに努力すべきだ、まだ病氣にならない多數人を益々健康にすることこそ、眞の醫者の任務だといふのである。

昔から醫は仁術だといはれるが、旣にできた病人を治癒する醫の如きは、いはゞ小仁術で、まことの仁術は病の生じないやうにするのでなければならぬ。

況や此頃の醫者のやうに病人益々多くして、益々繁榮し蓄財するといふのでは、仁を去る實に遠い哉である。

しかし、これは醫者だけの責任ではなくて、むしろ大部分は國家爲政者の罪だといはねばならぬ。

國力の基本であり、おほみたからである國民の生命の問題、健康の問題を、自由主義的な開業醫――彼等も自己の計算において醫を業とする以上、その業によつて衣食せねばならぬ――にまかせておくことが殆どすべての弊害の原因だ。

厚生政策に眞劍に乘出すといふならば、この滿洲國の如き新しい土地、行きがゝりの無い土地では、思ひきつて眞に國家的全體的な保健制度の確立をやつて貰ひたいものだ。

その第一は厚生科學の研究を、ユダヤ的醫學や榮養學の後塵を拜することなく、端的にわれわれ東洋人の實生活に卽して、最も卑近な基礎的なことから始めることだ。檢微鏡とモルモットだけでいはゆる實驗をやるに止まらず、この生きた人間そのものを直接研究することだ。

その第二は醫者を眞に國手として遇することだ。開業醫を絕對廢止するにも及ぶまいが、原則として醫者はこれを醫官として國家の公の職とすることだ。さうしてこの醫官も治療よりも豫防に重點をおき、本質的には國民の生活指導官とすることだ。（六，一〇，二七）

第九章

農林省では酒井新大臣の下にかねて研究準備中だつた食糧局を設置し、食糧政策に完備を期することになつたといふ。

從來の米穀局や水産局や畜産局等では、機構が小さくて充分に機能の發揮ができないから、これらを適當に廢合して、一大外局をつくつて、食糧問題に對する徹底的對策をねり、かつ實施しようといふのだらう。

今年のやうに、中國及び南鮮地方が未曾有の大旱魃で、日本人の主要食物たる米の生産額が激減し、何百萬石といふ不足を目前に控へた今日、さうして外には支那事變の聖戰に關聯して、米の需要いやましてゐる今日、いかにもあわてたやうに、いまさら食糧局案などをもちだすとは、一體從來あまりにみづほの國の天惠にあまへすぎてゐたのではないか。(もつとも農林省では早くからかういふ案があつたのだらう)。といふ批評もあらうが、何はともあれ、食糧問題は焦眉の急だ、食糧局大いに可なり、唯希くば徒らに機構を大にし、役人の職場擴張に終ることなく折角努力して各種の名案をつくつて、早く實施して貰ひたいものだ。

だがそれにしても現在の日本の米穀對策、特に先頃來の節米運動の如き、餘りにも唯物的な經濟主義に捉はれた考へ方や、やり方は、此際大いに改めて欲しい。

不作だ、減收だ、米が足りない！　節米せよ、七分搗强行だ！　單にかういふだけでは、果して國內全體の米が、國民全體に最も合理的に活用できるだらうか？　最近傳へられるところによれば、各府縣はその管內生產米の管外移出を禁止しようとする氣配すらありといふ。かういふ利己的・消極的かつ唯物的な考へ方、やり方では、それこそ愈々貧すりや鈍するの下世話の如く對策益々繁くして、效果さらにあがらぬといふやうなことになる心配がありはしないか？

然らば積極的・建設的・發展的對策とは何か？　勿論節約も配給の合理化もよろしい！　しかし更に肝要なことは、われ〳〵の日常食物に對する考へ方なり態度なりの根本的反省から始めることだ。

白米の方がうまいし、からだのためにもよいのだけれども、米が足りないから止むを得ず七分搗でがまんする！　菓子も大いに喰ひたいし、喰つた方がよいのだが、米が足りないから辛抱する！　等々。

かういつた考へ方を淸算して、われ〳〵の食物について、その質及び量について、猛省を加へることから出發して欲しいのだ。

國民體位と白米食との關係、過食と胃腸病との關係は、もはや議論の餘地もないことだ。われ〳〵はこの米不足を天與の好機として、ほんたうに正食するやうにしようではないか。くろごめの方が白米より健康食である！　充分ていねいに咀嚼すれば從來の二分の一または三分の一の量で、しかも榮養は充分であり、健康は增進する！　半搗米をよくかんで食へ！　國民保健のために、體力增强のために！

今の節米運動をかういふ道義的・積極的運動、明朗なる建設運動に指向展開して貰ひたいものである。

他のもろ〳〵の施設についてもまた然り。唯物的・消極的・機械論的なるは禁物、人間は生きてゐるのだ、心のもち方、考へ方が肝要なことを忘れないやうに賴む。

滿洲でも小麥粉不足・米不足は今問題となつてゐるが、それの對策は日本內地以上に、道義的・積極的なるを要する。代用食思想や節米イデオロギーを一擲して、建設的な保健食養運動をやらねばならぬ。満洲には今日絶對的な意味では食糧問題はないのだ、單に食糧思想問題があるだけだ。

節米思想から活米思想へ！　代用食的、節食的思想から正食・活食思想へ！　協和運動の一環としても、願くばこのラインにそつて、大いにやつて貰ひたい。恰度石炭節約運動を、低溫健全生活運動に結びつけて成功したやうに。

但し特に注意しておきたいのは、食糧問題を單に物の問題、經濟の問題とせず、健康の問題道義の問題として活潑なる運動を展開するにはその指導者は先づ自ら實踐躬行これ努めるの要がある。自らの體驗に基く確信からほとばしる熱を、運動の根本動力としなければならぬといふことである。（六，一〇，二八）

第十章

バアナアド、ショウと林語堂と並べて書いたら、或は突飛と思はれるかも知れぬ。少くともこの二人を結びつける理由を即座に發見しかねる人が多いだらう。

ところが筆者は、最近ショウ翁がチエムバアレン英首相を例の皮肉タツプリといふよりも、もつと辛辣にやツつけて、チエンバアレン氏を除け者にして、ヨーロツパの平和會議を開催すべしといふ論文を發表したといふ外電を讀んで、フト林語堂を思ひ出したのである。

人も知る林語堂は「今陶淵明」として「我が國土、我が人民」をはじめとして、次々と彼一流の東洋的(?)人生觀の著作を公けにし、それこそ洛陽の紙價を高からしめるどころか、アメリカでも大いに賣れ、彼の本國支那は勿論、日本でもおそらく高い飜譯許可料をせしめてゐるのではないかと思はれる。

この「今陶淵明」先生は「松菊猶存」する家鄉田園の茅屋に自然を樂しむのではなくて、世界の物質文明の焦點とも云ふべきアメリカはニューヨークに居を構へて、お手のものの支那古典を讀んではその詩藻をこやし、これも甚だ巧みな英語で「現代の神秘主義の要望」に應ずる名文をものして、たんまりと印税をかせぎ、名聲と利益とを同時にかち得てゐるのである。

堂々たるビルデイングの一室に、巨大な、快適なソーファにをさまり、あるひは萬年筆を呵し、またはタイプライターをたゝき、または豪勢な自動車を驅つてゐる陶淵明を想像してみたまへ！

わたくしは、林語堂といふ先生を一つのアナクロニズムの適例として興味をもつてみてゐるのである。

それなら何故ショウを聯想するのか？ と問はれるだらう。しかし考へてもみたまへ、ショウはいふまでもなくイギリス人だ。あの世界帝國イギリス、地球上の四分の一の地域を、わづか四千萬人でさん〴〵に搾取して、そのおかげで、あの小さな本國の中で、世界第一の高い生活水準を保つて居る國民の一人だ。

ところがその大英帝國の屋臺骨が傾きかけたのだ。大イギリスはまさに崩壞に瀕してゐる！これはまさにお家の一大事であると共に、イギリス人全體の大問題だ！ 東洋における權益も守らねばならぬ。インドも永久につないでおかねばならぬ！ 然るにお膝下のヨーロッパがグラ〳〵しだしたのだ。どうしてもドイツを抑へておかねばならぬ。フランスはヒヨロ〳〵で頼みにならぬ。ソ聯はどうにもいふことを聞かぬ。チエンバアレンがあわてるのも無理はない！それを同じ國民の指導者たるショウともあらう人が、國難をよそに、チエンバアレンをやじつて、その原稿料をかせいでゐるのだ。

要するにショウが如何にえらからうと、彼が徹底的個人主義だといふことは疑ない。さうしてイギリス人や、ヨーロッパ人が個人主義・自由主義に徹してゐる！　否、ゐたことも人の知る通りだ。

さうして、林語堂先生も一人の東洋的個人主義の標本だ。ショウと林語堂、いま東西二人の代表的個人主義者が、世界の個人主義思想に寄生しつゝ徒らにその名聲と、原稿料收入とをほしいまゝにしてゐる圖は、一幅のカリカチュアには描けぬだらうか！　（六，一〇，二九）

第十一章

石炭節約といふよりは石炭を最も有効に生産力擴充の方向に動員するために、一般煖房用石炭の消費を規制して、全滿に實行した採煖期間の短縮は、その始期に關してはまことに好成績裡に完了しつゝある。

これがかくもうまく行はれたのは單なる命令が强制したり、取締つたりする代りに、官民一體になつて、自發的に國家目的に參畫しようと努めたからに外ならぬ。

さうしてその實施の間には、おそらくたくさんのエピソードもあるだらうと思ふが、筆者が聞いた話のうち今更ながら感じたのはかうだ。

某君の家では先頃の三寒日に、どうも室内がさむすぎるばかりでなく、どうやら溫水煖房のラヂエーターの水が凍りさうで、不安でたまらぬから、一寸でも石炭を焚かうではないか、といふことになつた。

ところが親達のこの相談を側で聞いてゐた長男君、憤然として、「絕對にいけない。」といふ。

だつて「煖房」が破裂するかも知れんのだから一寸位はいゝだらう、といふと「どうしてもいけない、もしボイラーを焚くなら僕はすぐ水をブッかけて消してしまふ。」といつて何としても承知しなかつたさうだ。

某君この話をして、まことに小學校教育の貴いことをしみ〴〵と感じたといふ。

教師先生の神聖なる權威、學童たちの神の如き純眞さ――これこそ人間社會の進歩向上の原動力だ。

大使館教務部では、さらに採煖期中の低溫生活運動を學校で實施させることになつて、最近その旨を指示通達したといふ。まことに結構であるが筆者に望蜀の言を許されるならば、この機會になほ二つのことをお願ひしたい。

その一つは單に學校内のみの低溫生活でなく、各家庭においても低溫生活をするやうに、兒童を通じて一つの社會運動をやつて貰ひたい。それは單なる石炭消費節約といふ「物」の問題にとゞまらず、實に日本人の寒地生活適應の基本運動、少し大げさにいへば一つの建國運動として、從來の嚴冬ユカタがけでビールを飲む、といつたやうな生活態度を清算する必要があるし、また家庭がポカ〳〵で學校がヒヤリとするといふのでは、兒童の保健上にも支障があるだらうと思ふからである。

も一つは、低溫生活の眞意義とその限度とを充分學校當局及び學童に理解徹底させてほしいといふことである。

低溫生活は、決して無制限・無標準の寒冷生活ではないし、またいはゆるスパルタ式の鍛錬主義でもない筈である。

ましていはんや石炭が不足してゐるから、止むを得ず寒いのをがまんするのではないのだ。從つて產業開發五ケ年計畫が完成して、年產五千萬噸の石炭が出るやうになつたら、フンダンに石炭をたいて、冬の眞ッ最中にも、マイナス三十度の戸外をよそに、フンドシ一つで氷水をあふる程に溫くしてもよいのだ、それまでの辛抱だなどといふやうな感じを夢にも抱かせぬよう、ほんたうの健康生活には低溫が必要なのだ、といふことを徹底させてほしいものである。もつと正確にいへば「適溫」の標準を示してほしいのである。

こんなことは勿論先刻指導濟みのことと思ふけれども、老婆心から一言しておく次第だ。

（六、一〇、三〇）

第十二章

いまは「非常時」だといふ。ほんたうに非常時意識があるかどうか。さらに非常時意識にもとづいて、非常時的生活をしてゐるかどうか怪しい人々まで、何か事あれば、非常時だといふ。然らば非常時とは何かときくと、非常時は非常時だ、あたりまへの時でないんだ、何をわかりきつたことをきくかといふ顏をする人が多いだらう。

某氏はかつて、非常時を定義して、「非常時とは事實が理論に先行するをいふ。」といつたとか。つまり、從來の理論――といつたところで社會的理論のことだらう。經濟學上の理論、法律學的理論、倫理學的理論等々といつたやうな――では、解釋もつかねば解決も出來ないやうな事實が起つたり、問題が生じたりするのが非常時だといふのだ。

なるほどこれも一つの理窟ではある。しかし、これだけでは、從來の理論學說に拘泥してゐてはだめだぞ!、しつかり社會生活の實體をみなほせ!といふことになるだらうが、非常時の現實の姿や、そのよつてきたる原因や、その將來の見透し、及びこれらに基くほんたうの心構へとか生活態度とかを定めて行く、即ち眞に建設的な非常時對處策を生み出すには不充分な、抽象的な、平板な、つまり一面的な考へ方といはねばなるまい。

現下の非常時局の社會生活的諸相を描き出すことは容易ではないと共に、それはお互が每日體驗してゐるところで、特に時局以前はどうであつた、昔はかうであつたなどと、老人のくりごとめいたことを並べる必要もあるまい。

非常時局の原因の探究は大いに必要であるが、これも端的に、國際關係の異常化だとか、各國の國內問題の進展の結果だとか、きめてしまふわけには行かない。いはゆる非常時の社會理論をたてることは、學者に一任するとして、われ〳〵が特に考へておきたいのは、いはゆる非常時といふものが果して非常時であるか？　といふことだ。つまりこの非常時はどの位つゞくのか？　換言すれば非常時局に終局があるかどうかといふことだ。

非常時物價だ、非常時節約だ、非常時統制だと、世人はいふといはざるとを問はず、現在の諸政策を、まこと一時の非常時的現象と考へてゐるやうだが、果してさうだらうか？

「日本百年戰爭論」を說く卓見の士もある。支那事變處理がどれだけの時間で完了するかは別として、「支那事變さへ片づけば。」と考へてゐるならば、さうして、其後は事變前の狀態に復歸するやうに考へるならば、それは大きな間違であり、期待はづれとなるだらう。

今や世界は急旋回をしつゝあるのだ。あたらしい歴史が始りつゝあるのだ。非常時といふのはつまり、従來の歴史・世界が急激に變質變貌しつゝある狀態に對する、われ〳〵の主觀的感覺なんだ。

非常時の常時化。それは客觀的に不可避であると共に、主觀的にも、お互は漸次非常時に慣れて來るし、若いものははじめから今の時局を當り前のこととして受けとるだらう。

たゞかんじんなことは、非常時の本質――歴史が變りつゝある、新しい世界が生れつゝあるといふことの認識と、それに對して積極的に、少しでも貢献しようといふ心構へだ。

世の中はもとには還らぬし、還してはならぬ。われ〳〵は新理想の下に、新世界建設に努力しなければならぬし、またそれより他に正しい生き方はないのだ。（六，一〇，三一）

第十三章

銃後一般民衆に非常時局を認識させる最も普遍的な事象は何といつても、經濟統制であらう。配給の統制、物價の統制から生產の統制にまで及び、さうしてそれは直接間接に消費の統制となつて今やまさに「生活の統制」が行はれつゝあるのだ。

ところがこの統制經濟が如何に困難かといふことは、每日種々な破綻となつてあらはれつゝある。いはゆる統制破りとか、闇取引・闇相場といふものがそれだ。

そこでこれを防止して統制目的を達成しようといふ直接の手段がいはゆる經濟警察である。間接の方法として當局が馬力をかけてゐるのが社會運動であつて、日本內地では或は「精動」として全國的に行はれ、滿洲では協和會活動として實行中だ。

さうしてその效果は、例外もあり、悲觀材料も決して少くはないけれども、大體論として大觀すれば、着々として成功を收めつゝあるといつてよい。

「統制するから物が出て來ない、却て闇相場が生じて物價があがる。」といふやうな非難や不平もあるけれども、それは一面において統制技術の不熟練にもとづく弊害を指摘するものであると共に、大體においては、眞の非常時の認識がかけてゐること、換言すれば、われ〳〵の生活關係が新たなる展開をなしつゝあり、新しい社會關係、眞に人間の合理的な團體生活を創造せんとして――それはわれ〳〵人類の本能的要求であると共に、また現在では一つの社會的必然となつてきてゐるのだ。――今や世をあげて、生みの惱み、社會國家的陣痛を堪へつゝあるのだ! といふ根本的世界觀にかけてゐるからの小不平・小不滿である。

不平であり、不滿である。從つて一般大衆が、統制の不自由さをかこつたり、その技術的不備より來る不公平や不都合にふんがいしたりすることは、まぬがれないことでもあり、深く咎むべきではない。速にその缺陷を是正する努力をすると共に、眞の統制目的を解せしめ、この全體目的達成のために協力するやうに大いに啓蒙すべきである。

但しこゝに特に云ひたいのは、世の指導者たる人々や、特殊の權力を有し、または特權に近い關係にある人々の生活態度だ。

非常時局の生活的現實としての統制經濟は、もちろん從來の自由經濟時代よりも、少くともその過渡期においては、不自由であり困難である。――この統制が絕對不可缺で、放任しておいたら、不自由どころか社會的破綻を來すといふことはしばらく措く――しかしこの不自由不便が、よりよき生活創造への必然の途であり、少くとも、より大なる困難を防止する不可缺の方法であるとするならば、先づこの不自由をまつさきによろこんで受容れ、堪へしのぶべきものは誰か？　いふまでもなく社會の上層者であり、指導者であり、いはゆる特權階級でなければならぬ。

しかるに若しこれら指導的地位にある上層强力なる人々が、一般大衆の困窮をよそに、自分等のみは、物の配給においても、價格においても、何等かの恩典を享受してゐるやうなことがありとしたらどうであらうか。

石炭の問題、小麥粉の問題、米の問題、等々において、まづ自戒自肅は指導者から、といふことを、老婆心ながら一言しておく次第である。（六、一一、二）

第十四章

阿部内閣は支那事變の處理に專念するといふ。歐洲の戰爭には絕對に介入せず、アメリカとの國交調整に力を入れるといふことも、みな事變處理を眼目とし、事變處理中心から割出した外交方針である。

これは阿部內閣の任務であると共に國民の總意であらう。但し支那事變を如何に處理するかといふことは、さう簡單ではない。處理の具體的方法や效果的方法がむつかしいといふだけではない、處理の目標そのものさへ國民一般にはさまで明かだとは云へないのだ。

かういふと、何をボンヤリしてゐるのだ、事變處理の目標は聖戰の目的達成にあるではないか、つまり東亞の新秩序建設が目的だ、極めて明白なことであるといはれるだらう。

然らば問ふが、東亞の新秩序とは具體的にどんなことをいふのか？　その指導原理は何か、またそれを如何にして實現するのか？

第一には支那の最近における傳統的歐米依存政策を淸算せしめて、東洋人の東洋に立ちかへらしめることだらう、さうしてそれは同時に歐米――ソヴイエート聯邦、イギリス、フランス、アメリカなど――諸國のいはゆる援蔣工作を抛棄せしむることを意味する。

ところが、この支那の歐米依存と歐米の支那援助といふ楯の兩面は、實は西北とか南西とかのいはゆる援蔣ルートだけを基礎とするものではなくて、ずつと手近な、表玄關、わが軍占領地域の中心が眞の根據地であること　卽ち北支では天津、中支では上海その他外國租界であることは周知の事實であるから、東亞新秩序の國際政治的措置としてはどうしても、これらの租界問題の解決、否租界そのものの解消撤廢といふことを前提としなければならない。

さき頃ものわかれとなつた東京會談――くちさがなき京童は東京怪談などと皮肉つたが――を、今度は前轍をふまぬために隨時折衝の形でやりなほすとか、また今や著しく險惡になつてきた日米關係の轉換を圖るため　日米交渉を始めるとか傳へられるがそれらの目標を一體どこに置くのか？

ヨーロツパ戰爭の見透しからすれば、一應日本に對して或る程度の讓歩をしさうに思はれるし、事實そんなけぶりも見せつゝある。

しかし世界一の坊ちやん國アメリカは、今やそれこそ世界平和の番人は乃公なりてふ意氣込みで、われらの東洋に口ばしを入れようとしてゐるのだ。さうしてこの我儘坊ちやんが、ヨーロッパの戰爭をよそめに見て、いやに東洋問題をせつかむのは、單に弱きを助け强きを制せんとする單純な意氣張りからのみではなくて、老猾イギリスのアノ手コノ手が、大いに動いてゐることは既に周知の通りである。さうだとすれば日英・日米の折衝は實に二面にして一體なることを知つて相手にならねばならぬ。租界問題などもこの點から考へれば、なか〳〵容易に手がつけられぬといふことにならう。

そこでまづアメリカの御きげんをそこねぬやうにと色々の工作が考へられ、はてはアメリカ政治家にいはゆるフレンドが多いといふ、個人的な關係まで勘定に入れて、野村外相に大いに期待するむきもあるが、果して問屋がさうやすく卸すかどうか。（六，一一，二）

第十五章

だいたい東亞の新秩序とか對米國交調整とかいふが、多くは問題を外にのみみてゐるのではないか？「新秩序の基礎は支那から歐米勢力を驅逐する事である、日米關係の調整は米國の對日好感を誘導する事である！」

ところがほんたうは、問題の本質はうちにあり、自らに存することを知らねばならぬ。東亞の新秩序は、その外形においては支那の歐米依存を清算することであり、支那における歐米の不當勢力を驅逐することであり、租界撤收であるが、その本質は日本國を中心として指導國家とする東洋國家團體の結成にあるのだ。今日新支那中央政權の首腦者たらんとしてゐる汪精衞氏が標榜してゐるやうな、日本國と傳統的意味における對等平等の關係における親善提携などといふことでは、決して東亞新秩序は安定もせず、繼續もしない。

眞の東亞の新秩序は、東洋人の東洋が確立し安定することだが、それは從來の如き觀念的平等親善關係では――そんなものは實は未だかつてありもせず、またあり得ないが――絶對に期待できないのだ。

　このことは恰度ヨーロツパにおいて、眞に國際平和の實現安定を見るには、何れかの國が絕對的ヘゲモニーを握つて、ヨーロツパ國家團體が出現結成する事を不可缺の要件とする――換言すればドイツかヨーロツパロシヤが中心國家・指導國家となつてヨーロツパ國家團體を結成するまでは、ヨーロツパの國家情勢は一時的小康はともかく、永久に不安動搖戰爭を免れないのと同一の宿命である。

　しかして東洋國家團體は今や日本國を中心として成立の過程にあるのだが、日本の眞の指導力は、その對支關係に關する限りまだ確立してゐるとはいへない。つまり事變後の新支那もこれを腹の底から信認してゐないし、日本自體もまだ〳〵眞に東洋の中心國たる自覺と自信とを充分に有してゐるとは見えないのである。

　しかるに眞の東洋平和、東亞の安定は、東洋國家團體の結成以外にその途なく、さうして東洋國家團體の結成は中心國家の確立にまつのであるから、問題は結局うちにあり、自らにあるといはねばならない。

　ざつくばらんに云へば、日本がもつとしつかりすることが根本だ。まづ第一に速かに國論を統一し目標を明かにせよ。支那における混亂不統一は日本自らの姿が鏡にうつつてゐるのだ。次に小我をすてよ、エゴイズムを去れ、さうして眞理日本にたちかへれ。歐米流の侵略主義、征服主義的利權餓鬼的心理と行動とを清算せよ。

支那に對して、ほんたうに求めるところなく、眞に共存共榮の誠意と方法とを以てのぞむとが、事變處理の中核でなければならぬ。少しばかりの物的利權を確保したつて何になるか。昔から大慾は無慾に似たりといふではないか。求めずして與へんとするとき、萬物は自らそのまゝ我がものとなる。これは個人でも國家でも同樣だ。

かく考へるとき問題はいよ〳〵うちにあり、國內にあることを知る、東亞の新秩序は、その眞實の基礎を日本の新秩序に置かねばならぬのだ。眞理日本の具體的顯現こそ東亞並に世界の新秩序の根源なのである。問題は支那自體でも、イギリスでも、ソ聯でも、はたアメリカでもない、日本自體にある。（六、一一、三）

第十六章

倉田百三氏が渡滿せられた、「純正日本主義」派の指導者として、東亞新秩序建設における、文化工作の大陸における任務と問題の所在を現地に確認するため、支那・滿洲國に來られたわけだ。

筆者の倉田氏に對する第一質問は日本主義諸潮流のことでも、東亞新秩序論乃至ひところ流行の東亞協同體論でもなく、その健康法、否闘病もしくは治病體驗だつた。

倉田氏は人も知る如く、多年難病に惱み久しく病臥したまゝ殆ど身體の自由を失ひ、それこそ筆舌につくせぬ苦痛にさいなまれて居られたので、その再起全快はまづ奇蹟と思はれてゐたのだ。

それがすつかり元氣になつてこの寒空に大陸の旅行を、いとも氣輕に行ひ、會つて見ても何の疲勞も見えず、むしろあの年頃の人としては、常人以上の强靱さを思はせる相貌をしてゐられるので、「貴方はどうして病氣を克服せられたのですか?」といふ第一の質問を發せざるを得かつたのだ。

な「わたくしは七つの重病をもつてゐた。さうしてあらゆる治療法を試み、よいといはれる藥はみんなのんでみました、しかしどうしてもなほらぬ。殊に困つたのは脅迫觀念といふか、色々の妄想で實に惱んだが、つひにどうにもならぬものと思つて一切天地の大自然にまかせることにした。己を忘れてしまつた。するといつの間にか漸次によくなり、カリエスで腰にはめてゐたコルセツトもはづし、左腕のギブスもとるといふやうに、どん〳〵よくなりました。天地の理法に從ひ、自然の中にとけ込んだ氣持になれたから、自然に全快したらしい。治らずに治つた私の病氣の體驗』といふ本にくはしく書いてあります。」

氏の答の要點はざつとかうだつた。「治らずに治る!」「自然の理法にまかせ、それにとけ込み、合體する!」何と含蓄の深い言ではないか。もしかういふことが出來たら、なるほど病氣などは、たとひ治らなくても何でもないだらうし、さうなるとまた、イヤでも病氣は退散してしまふのだらう。

問題は、どうしたら自然と合體し、自我をすてることが出來るかといふことだ。世の多くの病める人々が、どうしたら治らずになほるかといふことだ。

筆者の知人に滿洲國で働いてゐるうちに肺を病み、靜養のため內地に歸休してゐると、その官廳から一片の通知だけで解職になり、病と生活との兩方からのせめくで、一層妻子と共に死んでしまはうかといふところまでせつぱつまつたが、フト、どうせ死ぬのだ、このまゝ死んだつもりで働かうと決意して、つひに土木工夫となつて、血をはきつゝ每日勞働してゐたところが、いつの間にやら肺病も全快し、今日では再び渡滿して元氣に官廳勤務をやつてゐる男がある。「何ものをも賴まぬ。」といふ氣持「何物も求めぬ。」といふ境地、大自然と合體融合するといふ心境に至つたら、病も、貧も、何の苦もないといふことになるのだらう。

しかしどうしたらそんな境地に達するか。多くの體驗者の話をきくに、何れも最後のドタン場まで行きつまつてゐる。惱みぬいてゐる。なま半可では其の解脫は出來ぬらしい。

かうなると、やはり古い言葉だが「逆境の恩寵」といふことの眞理をつくづくおもはせられる。病める人々よ、惱める者よ、天はきみたちをほんたうに愛し、救はんとしてゐるのだと云ひたい。（六，一一，四）

第十七章

「窮すれば通ず。」といふことは、窮しても何の心配はない、行くところまで行けば何とかなるものだと解されると共に、他面どうやら「窮しなければ通じない。」といふ意味を含んでゐるらしい。

かういふと何も窮しないのに通ずる必要も無いではないかといふ理窟が出るだらうが、しかしよく考へてみるがよい。窮するのは何もはじめからでなくて、時々刻々、日々の業がつんで次第々々に行きつまつてくるのではないか。然らばこの日々の行きづまりを、毎日なしくづし的に打開して行つて、常に窮することなくして通ずることが出來たら、それは窮通より一層よい事ではないか。

大病をわづらはなければ健康を得ないとか、死線を越えなければ眞人間にはなれぬとかいふことは、思へば情ない宿命ではないか。

古來の聖賢はみなこのために精進し、努力して、われら凡愚のために、非凡・比類なき苦惱を體驗し、解決してくれたのだが――釋迦もキリストも後世全人類の惱みを救ふため、絶大の苦惱を受難せられたのだといふ。――さて一般大衆たるわれらは、やつぱり自分でそれ相應の苦悶をへなければ、安心も解脱も出來ぬものらしい。

これは個人生活だけの問題ではない。團體・社會・國家の生活に於ても同樣である。革命とか、戰爭とかが世界史上、洋の東西を問はず、絶えることの無いのは、このなしくづし的打開が行はれないために、いはゆる窮してのみ通ずる人間的宿命のせゐだといへないか。

世の政治家や、指導者達の任務は、いはゞこの窮せざるうちに通ぜしめる、なしくづし的打開のエンジニーアたるところにあるのだ。さればこそ官僚の獨善がいましめられ、宣德と共に達情が要請せられ、また「聲なきに聞け。」と叫ばれるわけである。

隻手の聲といふことがある、雙手相拍つ音はつんぼでない限り誰でも聞く、音なき片手の聲を心の耳もて聞いて行くことが爲政者に要求されるのは、何も今に始つたことではない。

しかし大陸日本建設てふ、未曾有の大事業に參畫しつゝある滿洲國の指導者達は、その階級地位の高下大小を問はず、特に聲なき聲を聞きわけて、日々精進努力しなければ、それこそ何時ほんたうに窮してくるかわからぬといふことを忘れてはなるまい。

しかるに今日では聲なき聲どころか、大きな叫が、各方面にあがりつゝありはせぬか？建國の人柱たるべき人々の健康狀態はどうか？　消化器系統の傳染病の猖獗狀況はどうだ、肺結核患者の數は如何、經濟的生活の狀況……さらに大陸日本としての特色であり、基本である異民族との關係、民族協和の實情はどうか？

徒に悲觀的に傾くのはもとより禁物だが、大樂觀――前途の光明に對する確信――の上に、日々小悲觀をなしつゝもつと／＼皆人が精進すべきではないか。

問題はどの面にも、どの土地にも、全く應接にいとまなきほどである。各方面の指導者たちよ、官も民もあらゆる機關の責任者たちよ、それ／＼の分野・職場において、まじめに、眞劍に、その最善をつくして、窮せざるに通ずるの工夫をやつて貰へまいか。(六，一一，五)

第十八章

「享樂との絶緣」といふ說がある。「この非常時局に享樂などしてゐては相すまぬ、すべからく自戒自肅すべきだ。料理屋や待合などに入つて、ぜいたくな食物を浪費し、遊びめなどを相手にするなどは、前線で苦勞してゐる將士に對しても相すまぬことだ、一般勤勞大衆にも申しわけない。」といふのであつて、誠に御尤もであり、結構なことである。

しかしかういふ考へ方の腹の底には、實は料理屋や待合で、金で買へる女などを相手におもしろをかしく遊ぶといふ、特權階級の享樂ほど魅力のあるものはない、實は大いにやりたいのだが、世間樣に對して相すまぬから、がまんをしよう、齒をくひしばつて――それ程でもなからうが――まア辛抱しよう、それがいはゆる自肅であり、自戒であり、非常時倫理だ、といふ意識または人生觀をもつてゐるのだ。

今日は「非常時」そのものに關する根本的な再認識を要する事は前に書いた通りであるが、此の非常時に處する倫理道德、廣く云つて、生活態度なり意識なりについても猛省を要すると思ふ。

たとへば前述の「享樂との絶緣」的思想の如きその一つだ。だいいち料理屋・待合のたぐひで、享樂するなどといふことは、天下泰平――そんなものは全體的には何時の世にもありはしないが――な非常時局前であつても、ほんたうにまじめに人の世を思つたら、許さるべきことでも、又出來ることでもないだらう。

けれども筆者がこゝに云ひたいのは、かういふ固くるしい倫理觀とか道義感的なものの考へ方より、更に百尺竿頭一步を進めてほしいといふことだ。

そもそもいはゆる「享樂」を欲求するといふことそのものが人間としては情なき心理だ、特に指導者的地位にある人々が、この種の享樂を享樂することそのことが、ほんたうの指導者なる資格をもつてゐないといへはせぬか。

指導者であり指導者面をしてゐる人々が時にこの種の享樂から破綻をきたし、足を出す事件が、たまに表面にあらはれるやうだが、指導者諸君は猛省一番、もつと正しい、眞に正しい人生の生き方を把握し實踐するやうにしては如何。

つまり享樂と生木をさかれる思をして絶緣するのでなくて、もつと積極的に、よりよき生活の樂しみに向つて精進してはどうか？

住宅難打開の一方法として、料理屋・待合を一時閉鎖して、之を宿屋・下宿屋に轉用したらといふやうな說があるが、この位のことでも今の社會情勢ではとても斷行出來るものではない。當業者たちの營業の自由とか生活の利益とかが問題なのではない。そんなものは國家で保證してやればよい。問題の要點は、料理屋・待合の利用者——世の上層部・指導者階級の「享樂問題」にあるのだ。

「世の中はさう簡單にはゆかぬ。」「さう固いことばかり云つてゐては生活のうるほひがなくなる。」「殺伐になつていけない。」等々のことが、いかにも世の中の表裏、すいもあまいもかみ分けた分別顏で說かれるが、そのほんねは自分が享樂から絕緣しかねることの白狀に他ならぬ。

正しい生き方、ほんたうに樂しい生き方について、最も學ぶべき必要にせまられてゐるものは、一般大衆よりもむしろ世の指導者達ではなからうか。（六，一一，六）

第十九章

日滿兩國は不可分一體だ、一德一心だといふことは誰でも承知してゐることだが、然らばどういふ點で不可分一體で、どこが獨立なのかといふやうな點をつッこむと、日系・滿系ともに必ずしも明白に把握してゐないやうだ。

元來不可分一體の獨立國といふ事は、全く滿洲國の建國によつて始めて世界史上に出現した獨創であつて、單に從來のユダヤ的國法學では說明も出來ず、理解も不可能なるのみならず、これの根本的理解のためには、人間及人間生活や歷史理法の研究、卽ち深く廣い世界觀・人生觀に立ち、更に日本國體と日本精神との正しい理解體認を必要とするのであるから、眞の日滿關係の理論化・體系化もなか〳〵容易でないので、建國大學あたりの學者先生方の大々的御努力にまつところ多く、從つてその理解の大衆化を、今日すぐに期待することはもちろん困難といふよりも不可能といつても過言ではあるまい。

しかし深い哲學的・社會學的或は新東洋法學的もしくは日本法理學的理論は別とし、日常誰でもわかる基本的な日滿關係の要點位は、すみやかに大衆にもわかるやうにしたいものだ。

いつたい日滿不可分といふことはどんなことか？　その第一點でありかつ根本的な事は日滿兩國は「建國の理想を同じくし、從つて精神的一體關係にある。」といふことである。

その二は經濟的もしくは生活的一體關係であつて日滿兩國はもはやいはゆるブロック關係以上に親密なる相互依存關係に立つてゐるが、今後は益々一體關係となつていはゆる東亞アウタルキーの不可缺の要素となる運命にある。

第三は國防の共同もしくは共同防衞といふことで、これは建國以來の匪賊討伐にまた最近の滿蒙國境ノモンハン事件に、如實にあらはれてゐるやうに、全く兩國は「運命共同體」の關係にあるのだ。條約上同盟國といふやうに規定してゐるけれども、普通の同盟でなくて、本質的に不可分一體・運命共同體なるが故に共同防衞である。

第四には滿洲國における日本人は日本帝國臣民であつて、同時に滿洲國の人民――中心的・指導的構成分子であるといふことであつて、つまり兩國は日本人によつて血のつながりを有つて居るし、將來ももつことになつてゐる點である。

だから日本は滿洲から見て單に「友邦」と呼ぶことの不適當なるは勿論「盟邦」と呼んでも

不充分で、切つても切れぬ精神、及血のつながりを表すには、まア「親邦」とでもいふべきだらう。

ところで然らば滿洲國の「獨立性」はどこにあるかといふと、それは政治の獨立である。經營の獨立である、さうして國民生活における獨立意識である。日本國とは不可分一體だが、われ〳〵は獨立國滿洲國人民であるといふ獨立意識をもつてゐることが、獨立の根本であると共に、この意識は現實の制度によつて基礎づけられてゐるのだ。

さうして、この獨立國たる本質が最も明白に顯現するのは、第三國に對する關係においてである。卽ち日本以外の第三國に對しては滿洲國は對等平等の獨立國である。公使・領事の交換、その前提たる相互承認等。

昨年來滿したイタリーのパウリツチ使節が滿洲國の獨立の姿に驚いたと傳へられるが、おそらく彼は滿洲國をもつて日本のエチオピヤ位に考へてゐたのであらう。（六，一一，七）

第二十章

日滿兩國の不可分一體關係を兩國民に理解徹底せしむることの必要を說いたが、この根本認識と共に、兩國の實情をもつと〳〵一般大衆が知つて來なければ「理論的不可分」「口頭禪的一體」もしくは「試驗答案用一體關係」に墮してしまふおそれがある。

さうして、これは勿論、滿洲國人側は、日本の實情實體を知り、日本國人は滿洲國の實情を知るといふやうに、兩國人雙方互に相手國を熟知するやうにする必要があること云ふまでもなく、目下兩國共にこの相互認識の向上のための努力に大童なことは周知の如くである。

だがこの相互認識においてどちらがより積極的であるべきか、より責任が重いかといへば、申すまでもなく日本國及び日本側だ。それは「大陸日本」たる滿洲國の建設育成の責任者だからだ。

しかるに日本內地人の對滿認識は、理念においても實情においても實に心細いといふよりは情ない程度ではないかと思はれることがある。

最近日本内地へ政府要員の大々的募集に行つた人達の話をきくと、それこそ開いた口がふさがりかねるやうなことがある。

某君が某省で或る高官を訪問したら、イキナリ「君、満洲で高粱ばかり喰つてゐてさぞかし榮養不良になつてゐるだらうと思つてゐたが、案外顔色もよく元氣さうだネ、高粱も榮養價が相當あると見える！」これがしごく、まじめな話で、斷じてじようだんではないのだから、驚かざるを得ぬ。

「滿洲國は複合民族の國だが、主要民族について知るところを書け。」といふ問題を出したら、「滿洲國にはヒ族といふ民族がある、これは建國當初に大分多かつたが今日ではだん／＼減少しつゝある！」かういふ答案があつたさうだ。

由來常識試驗といふやつにはなか／＼ふるつた珍答案があるものだが、滿洲常識を試驗したら、日本の相當の知識層の人達でもまア落第點以下のものが可なりありはしないか。

特に日本全國で認識を缺いてゐるのは治安と氣候とだ。滿洲といへば、どこでも馬賊・匪賊が出ると思つて居るやうだし、夏は炎熱鐵をとろかし、冬は酷寒零下幾十度、小便がそのまゝ凍結して棒狀になると考へてゐるものが多い。

昨冬北海道を廻つた滿洲國官吏が、北海道の寒さ――低溫と濕氣と風速とさうして建築採煖設備の溫帶的のこと――にブル／＼ふるへてゐたところ、土地の人曰く、「滿洲は、さぞかしお寒いでせう！」「イヤ內地、とくに北海道よりはズツと凌ぎよいですよ。」「御じようだんでせう。」で何としても承知せずひたすら寒いことについて同情を表したといふ。

「寒い」といふことは單に溫度だけではなくて、濕度及び風速が重要な要素だし、また防寒設備といふことも大切なのだが、內地の人々はちつともそんなことにはトンチヤクしない。

內地人の對滿認識が不充分なことの原因はいろ／＼あるが、その一つは在滿日本人からのたよりや、歸國者の話が可なり大きな誤解のもとになつてゐないか？

島國日本人が大陸へ渡つての新生活經驗を、如何にも英雄氣取りで感じかつそれを故鄕へ誇大に通信するといふことは有り勝だが、そんなことがやがて內地人の滿洲進出――大陸日本建國の人柱としての移住をはゞむやうな結果になることがすくなくないのである。（六，一一，八）

第二十一章

この頃の新聞を見てゐると、考へさせられることが多い。

「新聞は社會の縮圖」であるから、新聞を讀んで世相を觀じ、大いに考へさせられるといふことは當然だが、こゝにいふのはもつと主觀的な意味で、新聞に世相の一面をマザ〳〵と見せつけられて「もの思ふ」ことが多いといふのだ。

先だつては北滿開拓の米產額「三千六百萬石」といふ快報を齎したかと思ふと、こんどは政府の來年度豫算に關して、歲計剩餘金「四萬圓」を一億圓の歲入不足見込額に充當すると書いて、苦勞性の人を心配させた。さうかと思ふと加藤外松無任所公使を何時の間にか駐支大使に任命したり、とうに辭めて歸られた筈の入江宮內府次長に傅傑氏の出迎をさせたりする。

こんなのはまア一寸ユーモアも感ぜられて時にはわるくなからうが、前北安省長馮廣氏が病弱の故をもつて辭任を申し出たといふ記事に、わざ〳〵「肺患」とつけ加へるといふのは一體どうしたことだらうか？　馮さんの病名がたとひわかつてゐても、そんなことをわざ〳〵書く値うちがあるのだらうか？

かういふ事例を拾つてゐたらまつたくきりがないやうだ。さうしてこれは基礎知識の不足、常識の缺如、親切心、人間らしい心くばりのないこと……の表れなること言をまたない。

そこで世の識者は叫んでいふ、「記者諸君よもつと勉强せよ。」或は新聞記者の再教育を論ずる人もある。まことに結構な提言である。善は急げ！　早く實行に移して記者諸君をして勉强させるなり、再教育施設なりを實現して貰ひたいものだ。

しかしこゝに云つておきたいことは、新聞記事を通じて見た記者の素質や心構へは、斷じて記者社會特有のこと柄ではないといふことだ。會社でも、官廳でも、現在の滿洲社會全般に通ずる一つの傾向の一端が、たま〳〵新聞といふもつとも人の目につき易い、またつかねばならない機關によつて表現されてゐるまでだといふことだ。

官廳のおえら方や會社の課長重役諸公は、その部下たちの仕事の質について、はたしてどの位の御指導をなさつてゐるだらうか。

なる程政府はいはゆる「指導的監察」といふことに力を入れ、大々的に一般行政監査をやり、大いに成績を擧げつゝある由で、賴しいことであるが、かういふ大掛りの監査と共に、日常些細な事務のとり方、物の考へ方、生き方について、たえず親切な指導こそ更に望ましいのである。

よく論じられるやうに、滿洲國そのものは斷じて植民地でなく、その經營建設の指導精神は、あくまで新文化の創造であり、新生活據點の建設であるが、しかし滿洲社會そのものはまぎれもない植民社會である。建國の人柱たる人々、第二の天孫民族たる日本人たちは、決して出稼ぎに來てゐるのではないが、現實の意識や、感情や、殊にその生活は出稼ぎ的ならざるを得ぬ事情にあるのだ。

滿洲社會の上にのべたガサツさ、淋しさ、低調さの社會的原因を、滿洲國の指導者達は充分に考へて貰ひたいものだ。さうして滿洲社會の植民地的性格を、どうしたら是正匡救できるかといふことについて、猛省し工夫して貰ひたいものだ。

それは單に物的、經濟的に生活をもつとらくにして貰ふだけでない。精神的に、溫い、くらしよい雰圍氣をつくつて欲しいものである。そしてその主なる責任はいはゆる上層部の指導者達にあるといつたつて誰も異議はないだらう。（六，一一，九）

第二十二章

重要物資の統制、資金の統制、貿易の統制、必需品の配給統制といはゆる統制經濟は、その必然の動向として生活のあらゆる部面の統制にまで進まざるを得ないし、また進むであらう。さうして此物的生活の全面的統制が完全に行はれて行くためには國民全體の思想、生活意識が變つて來なければならないから、やがては外部的な物の統制、消費の統制から、心の統制、精神の統制といふことが必要になり、またさういふ努力が拂はれるやうになるだらう。

現に權力者・指導者達は、その計畫や指導原理に從順でなかつたり、それを批判したりする者に對して「自由主義者」といふ燒判を押すと共に、あらゆる方法を講じて、思想統制を行ひつゝある。

諸國における「宣傳」の如きこの思想統制工作の著しい努力だといつてさしつかへない。金から物へ、物から人へ、人から思想へといふ進展は、凡そ人間がどんなものかを考へてみれば當然のことであつて、從つて「生產力擴充」とか「物資動員」とかいふ計畫も結局は「精動」

とか「宣傳」とか「敎化」「敎育」といふことに落ちつかざるを得ないのだ。

だから誰でもいふやうに、「政治は教育なり。」で根本は人間のものの考へ方、暮し方、むづかしくいへば人生観及生活態度の立て直しにあるので、理想社會を夢みる指導者は、古來洋の東西を問はず、皆同じやうな着眼をしてゐる。

たとへば佐藤信淵は「富國强兵論」においてその經國濟民の說を展開し、國家の目的は國民を敎化してその精神生活を向上せしめ、國土を經營してその物的生活を充實せしめ、もつて天地創造の神意を實現するにありとしたが、その方策として國家機關を「敎化」「產業」の二大系統として、その上に天皇直轄の大學校を置くといふ主張をしてゐるさうだ。

ところが、各國各時代の現實の世相をみると、およそかゝる理想主義者の主張や努力とは緣遠い姿をしてゐるのに驚かざるを得ぬ。

遠い國のことや昔の歷史など考へるまでもない。眼前當面のわが滿洲國の現狀をみればどうだ?

道義國家即ち理想主義國家、國防的經營國家即ち計畫的統制經濟國家として、次から次と各種の統制立法とその機關とが生れ、またその指導精神を普及徹底するために、たえざる會議と各種の宣傳とが行はれてゐるにかゝはらず、國家社會はなか〳〵思ふやうに全體的活動をして來ないではないか？

もちろん今は過渡期だ、さううまく行く筈もない、況や一般大衆はいくら進步の御時勢でもまだ〳〵「知ラシム」べからざる蒙昧狀態だ。だからこゝでいつてゐるのは「大衆」のことでなくて、指導者階級のことだ。

理想をもち、指導をなすべき人々の思想なり意識なりが、何と不統一であり、非全體的・非統制的であることか。

だいいち社會組織運營のエンジニーアたる官吏がかくも頻々と轉任してゐては、指導運營どころか自分の私生活すら始末する道がないだらう。

それにもつと困ることは、彼等はその轉任のたびにいはゆる「榮轉」の祝をうけ、「おめでたう。」でおくられてゐる思想の根本的誤謬だ。官吏が——會社員だつて同じだ——轉任するときおめでたうといつたり、榮轉・左遷で得意、失意を當然とするやうな自己中心・利己主義で、どうして全體生活運營のエンジニーアたり得ようぞ。

統制强化は必然の目下の情態なるを思ふにつけ、先づ官吏の「榮轉」思想を淸算し、「おめ

でたら。」をやめることから始めてほしいものである。（六，一一，一〇）

第二十三章

貧乏よりは金持の方がよい、月給は安いより高い方がよい、力は弱いより強い方がよい……かういふ卑近なことからならべてみると、われ〳〵の生活の理想とか目標とかは極めて明瞭なやうである。

ところが人間生活全體、單に個人としてだけではなく、民族として、また一時代だけでなくて永久的生命として考へて見ると、なか〳〵複雜なものである。

さうして吾々はこの綜合的・永久的な民族理想といふものを、つねにもつとも端的に、卑近に、日常生活の目標としておくことが極めて大切なのだ。

そこでも一度振り返つて、われ〳〵の日常生活の判斷の標準を省みると、實に淺薄な借り物の尺度を用ひてゐることに驚く場合が多いではないか。

つまりわれ〳〵は今日多分に西洋——といつてもイギリス・アメリカ・フランス・ドイツ位のものだが——尺度で西洋人と比較して自分を判斷してゐることが甚だ多いのである。

むづかしいことはいはぬ。あの街頭に、オフイスにザラに見る若い女性の化粧振りを見よ！断髪をわるいといふのではない、洋装を排撃するのでもない。唯まことに似もつかぬ西洋人化の努力の悲惨な滑稽振りを歎くのだ。

モジヤ〳〵とした鳥の巣的な頭髪、血をすつたやうな唇、これは西洋人には自然的傾向の强調であつて、つまり「美」なのであるが、東洋人にとつては全く反自然的であつて、從つてそれは「醜」なのだ。

最も卑近な、毎日自分も鏡を見、人々も目にふれる化粧美の標準からしてかういふ有様だ。それがもつと奥深い生活の指導精神にまで浸潤してゐることを反省せねばならぬ。

たとへば食物である。よい食物とは何かといへば、勿論眞の健康を保ちかつ増進するもの、心身ともに無病息災で生々發展、個人も社會も明朗快活に暮して行ける底のものだといふことに誰も異存はあるまい。

ところが此頃の食物の標準は、むづかしくいふ專門家は、たいてい、カロリーとヴイタミンをあげる。これを通俗的にいふときは、肉と卵と牛乳と、さうして新鮮な野菜に果物をあげる。これは全く西洋の標準ではないか。西洋醫學つまり何千年來の西洋的生活の結果出來上つた西洋人の生理體に關する標準を、そのまゝ傳統を異にし、環境を異にし、從つて生活と生理とに差異ある東洋人・日本人にそのまゝあてはめてゐるのではないか。

そんなことをいつたつて、今日の日本人・東洋人は西洋に對抗しなければならぬ、だから・・といふのか。

然らば問ふが、明治維新の鴻業は明治中期から今日にかけての如き歐米化的生活をやつた人達の仕事であつたか。まつた、日本二千六百年の大創作、人類最大の創作たる日本國體は西洋式生活の賜なのか？

議論はよさう。もつと手近な例がある。最近滿洲の某大學で滿人の入學試驗の際、某醫大の日本人の先生十數名が身體檢査にあたつたあとで、異口同音の所感は「滿人の體位體格に一種の壓迫感を受けた。」といふことだ。揃ひも揃つて立派な體格で、日本人及ばずといふのだ。一般滿人の生活程度や食物が日本人以上だといふ人はあるまい。牛肉・牛乳・野菜・果物をよけいにとつてゐるとはいへまい。しかし健康は平均してずつとよいのだ。

猛省を要するのは食物のみにとゞまらない。さうしてこの反省と生活の改善は、先づ指導者達に特に必要なことである、個人的にも社會的にも。（六，一一，一一）

第二十四章

東京に茂原右眼といふ人がある。日露戰爭の勇士で左眼を敵彈にうち拔かれ恩賜の義眼をはめてゐられる。右眼の號はこれに由來するのだと思ふ。

筆者がこの右眼に會つたのはたつた一度であるが、多大の感銘と印象とをうけた。まづ第一に當年とつて五十七歲だといふのに、うち見たところ四十を出たかどうかと思はれる若さであるのみならず、その身體筋肉の柔軟さは三十前後の青年にもまさる程なのには、一方ならぬ驚と興味とを覺えた。

次にビツクリしたのは、この人の精神的といふか一種の靈感的能力とでもいふべき力だ。筆者の顏を見るなり「貴方は左奧齒を痛めてゐる。」といふ。正にその通りなので何故わかるかといふと、「今自分は我をすてゝ貴方の心になりきつたのだもの、貴方の身體の痛み位わからないでどうしますか。」といふのだ。聞けば面と向つて居らぬでも、電話の聲で相手の病氣を知るはもちろん、遠距離に居ても精神統一をやれば相手の心身狀態がわかるといふことだつた。

更に感嘆したことは氏がその温柔そのものの如き相貌のうちに、實に烈々火の如き正義感と人類愛とを藏してゐられることだつた。

その一端をのべるならば、氏はかつて藥劑師として、東京澁谷で藥局を開いてゐたが、その一番よく賣れる藥は胃腸藥だつたさうだ。そこで氏はつくゞゝ思ふに、これは一體何としたことだ。世の中にはろくに食べる物が無い者も多いのに、たらふく食つて、食ひ過ぎて胃腸病になつて、消化劑や胃腸藥を買ひに來るなどとは不都合千萬だ。こんな不心得者に藥など賣つてやるものか！　といふので、つひに藥局を閉鎖してしまつて、今では「正しい生き方研究會」といふものをつくつて、大衆の生活の指導に精進してゐられるのだ。

この人がさき頃滿洲にやつてみえて、到るところの戰跡を涙をもつて歴訪されたといふがまことにさもあらんと感じ入つたことであつた。

こゝに茂原氏のことを書いたのは、實は茂原氏及びその運動を紹介するためではない。たゞ「過食して胃腸を害した者に胃腸藥など賣つてやるものか！」といふ氏の社會正義感に共感すると共に、われゝゝ自ら大いに反省したいと思つたのだ。

世の中にはほんたうに食が無くつて餓死する者と、飽食・過食によつて病氣になる者とどちらが多いか、もちろん統計的數字の比較ではないが、後者の方がはるかに多いといふことは、醫者も一般識者も共に認めるところだ。

實際お互は知らず識らずのうちに食ひ過ぎてゐるのである。食ひ過ぎて病氣になるものも少くないが、病氣にならぬまでも必要以上に食つてゐるものが極めて多いことは爭はれぬ事實である。

美食過食が病氣のもとで、病は口より入るとせられると共に、粗食少食が無病長壽の秘訣だといふことは古來の定說だ。

いまわれ〳〵はゆゝしい食糧不足に直面しつゝあるといはれる。しかしそれは從來の食物觀に基いた食糧難であつて、決して絕對的な食糧難でないのみか、正しい眞の健康食といふ點から見て何等食糧難ではないのである。

一般に食物の量を減ぜよ、米のみに偏するな、豆でもいもでも雜穀でも、つとめて雜食・混食せよ。

世の主婦たちはまづ雜穀料理を研究せられよ。主人たちはまづ每碗のめしをよくかむことを努められよ、しからば食糧難の克服とともに一家の健康を確保し得るであらう。（六，一一，一二）

第二十五章

日本人ほど外國のことに通じてゐる國民はないといはれる。外國に何か事が起れば、それがヨーロッパ・アメリカ等ならば勿論のこと、たとへアフリカや、中央アジア等の小國だらうとも、新聞雜誌等には直ちに詳細な解說が出る。

さうしてこれら新聞雜誌を通じて國民の知識層は一かどの外國事情通となる。小學校の上級生から村の靑年學校卒業生に至るまで、此頃のヨーロッパ情勢を語るのである。

ところが、それらの知識は實のところ單なるインフオーメーションであり、話題にすぎないのだ。早い話が、昨年來、いやもつと以前から、ヨーロッパ情勢は、每日每月の新聞雜誌に報ぜられ解說せられて、日本人の常識となつてゐた筈だのに、一たびドイツとソ聯との間に不侵略條約が成立すると、たちまちにしてヨーロッパの國際情勢は「複雜怪奇」だといふことになつてしまつた。

一方で、英ソ接近工作が行はれて居り、他方において、ドイツがコミンテルンを攻擊して居り、さうして日滿獨伊の防共協定が結ばれてゐたから、ドイツとソ聯がにはかに接近協定するなどとは思ひも寄らぬ。全くもつて不可解千萬、まことに「複雜怪奇」な國際動向だといふのだらうが、さういふ物の見方・考へ方が實に淺薄千萬、いろ〳〵の事を知つてゐるやうだが、單にうはすべりのものしりに過ぎない證據なんだ。

ドイツの政治的・經濟的實質とその國際的立場を考へたならば、獨ソ不可侵條約もヨーロッパ戰爭も、極めて自然な、むしろ必然的な歷史發展で、こんなことに驚いたり、あわてたり、または怒つたりすることは、それこそコケの骨頂といはねばならぬ。

防共の契り固きにかゝはらず、ソ聯と結ぶなどとは、といふのだらうが、防共は防共だ、ソ聯との國交は別である。

だいいち、わが日本だつて、ソ聯と國交斷絕してゐる譯でなく、兩國の首都にはチヤンと大使も駐劄してをれば、種々なる外交交涉も行つてゐるのだ。

のみならず、東亞新秩序の建設、支那事變處理のため必要にしてかつ可能有效なりとせば、日ソ間一層の接近だつて、決してわるいことではない。それは斷じて容共でないのは、恰度今日のナチスが依然としてコミンテルンをゆるさぬのと同じだ、いやそれ以上だ。

ヨーロッパ國際政情が複雜怪奇といふなら、むしろお膝下の東亞だつて、ちよつとわわのけからぬことがありはせぬか。つひ二三ケ月前迄は、日滿を通じてアレ程排英を呼號して、どこもかしこも排英大會、はては山奥の安カフエーまで「イギリス人お斷り。」と貼り出す位だつた排英運動のこの頃はどうだ。

アレも一時、コレも一時式のうはついた考で、他國を見るのはまだしものこと、自國の對外態度を考へるやうなことは、速に改めなければならない。

それには一般大衆よりも、まづ爲政者・指導者達がしつかりして吳れなければ困る。だいたい「複雜怪奇」などといふアヤシゲな熟語を製造することからしてケシからぬ。外交エキスパートともある者がまじめにそんなことを考へたとしたら完全に無資格者だ。

自主外交などとは當然だと共に、必ずしも「獨往」でなくともよろしい、臨機應變なれ。ヨーロッパ戰爭に不介入、事變處理專念は阿部內閣の一枚看板だが、そんなことは現下の日本及び東亞に於て當然なことだ。

要はしつかりと肚をすゑて、あらゆる手段方法にぬかりなきこと、特に眞の道義を堅持して邁進するにある。在支第三國權益の擁護などといふことも、順序と方法とは考慮を要するが、根

本は新秩序建設の方向にそつて對處すべく、斷じて舊來の植民地搾取的横暴を許すべきではないのだ。(六、一一、一三)

第二十六章

ヨーロッパ戰爭は愈々本格化してゆくと共に、イギリスも東亞に充分の力を用ふる餘裕がなくなり、ソ聯もヨーロッパの火事場騷ぎに乘じて、或はフインランドその他のバルト海沿岸の小協商國に、或はバルカン諸國に、好機措くべしとしてその巧妙執拗な魔手をのばすに忙しくて、極東の事態の暫行的安定を希ふやうになつてきた。

支那事變處理にはまことにあつらへ向きの情勢である。

ところが鬼の居ぬ間の洗濯をやられてはと、從來のチヨツカイから更に身を乘り出して、對日壓迫といふ態度を露骨にとり出したのがアメリカだ。最近の日米關係は、否アメリカの對日關係はひどく惡化して來たといふ。

しからば實際上日米關係のどこが惡くなつたのか、また惡くなるのか。

アメリカに對日開戰をやるといふ肚もなければ、實力——政治的・軍事的ともに——もないことは周知の事實だ。そこで彼等のおどし文句と攻め道具は對日經濟封鎖だ。日本に對して鐵や石油や棉花を賣らぬと共に、日本の生糸を買はぬといふのだ。

なるほど、これが斷行出來たら、日本は一寸痛い。米棉が少しも入らぬとなれば、紡績工業の打擊も大きいし、生糸が出なければ農村に相當こたへよう。また鐵や石油の輸入がピタリと止まるとあつてはなか〳〵の大事だ。

しかしアメリカの棉花を日本に賣らないで棉作地方はやつて行けるのか、石油にしたところで日本をよい顧客としてゐるのだ。またよしナイロンの實用化が普及したとしてもヤンキーガール共が日本シルクなしで承知するかどうか。

だが、かういふ常識論で對日經濟封鎖はアメリカの恫喝コケおどしと許りたかをくゝつて居るのは危險千萬だ。われに不敗の覺悟と用意とがなければならぬ。

第一にアメリカが眞に經濟封鎖を斷行するといふなら、それはまぎれもない對日戰爭の開始であるから、斷乎としてこれに對抗すべきだ。その手段方法は軍事專門家にまかせるとして、われら市井の素人にもはつきりととるべき途はわかつてゐる。

第二に、われらは石油その他の物貨の獲得について、決してその途に困却しない。平和的手段と共に非常時的方法についての見透しがあるのだ。ヨーロッパの現狀、ソ聯の立場はわれらにいざといふ場合の對策についての、幾多の示唆を與へてゐる。

そこは蛇の道は蛇で、アメリカは日本の對ソ接近を警戒してゐるといふ。われらの立場はさう單純ではないが、この際アメリカに對しては、經濟封鎖に對して便軟いくつも對策のあることだけは、明示しておく必要がある。

しかし何といつても一番大事な事は、國民全體の心構への問題だ。たとひアメリカと最惡の關係に立ち至らざるまでも、この際われら國民はまづ拜米式思想と生活とを淸算しなければならぬ。アメリカ式人生觀をすてると共に、アメリカ依存的生活をやめることだ。特にハリウッドの影響は速に一掃しなければならぬ。

さうして進步的東洋精神と生活とに立ち返るのだ。その曉には、それこそ、われらは世界に何の恐るるものもなくなるだらう。われらとはくらべものにならぬ資源貧弱なあのドイツを見よ。政治地理的・經濟的環境において、遙かにドイツに勝るわが日滿において、アメリカ如きを恐れる要がどこにあるか。

政府は斷乎對米媚態をやめると共に、國民一般もその本來の生活の姿を省みよ。さうして進步的東洋の實力に不動の自信を確立せよ。（六，一一，一四）

第二十七章

現代と從前の世界との差異は、いろ〳〵の點に求める事ができるであらうが、われ〳〵の生活の基本的關係、つまり社會生活運營の原理が變つてきた。もしくは變りつゝある事はその最大の點であらう。

皆人の知る通り、アダム・スミスは社會の各人が、めい〳〵自己の利益を自由に追求して居れば、神の「見えざる手」に依つて、おのづから社會全體の發達進歩と幸福とが得られる。卽ち私益の自由な追求は神の見えざる手によつて公益と一致せしめられる、と說いたのであるが、この「自由主義」は思想としても、制度としても時代的修正はうけつゝも、つひ近年まで世界を支配してゐたものだ。

ところが、まづロシヤ革命によつてソ聯において、ついで、ファシズム及びナチスの運動によつて、イタリー・ドイツにおいて、思想としても制度としても「自由主義」の止揚が行はれた。「共産主義」と「全體主義」とは雪と炭、いや紅と墨といつた方が適切かも知れぬが、とにかく互に相容れない全く對蹠的なもののやうに思はれてゐるが、個人主義・自由主義に基いて、利己心の滿足に專念してゐれば、神の「見えざる手」によつて自ら「豫定調和」、全體社會の幸福が實現するといふ思想と制度とを否定して、國家の意思とその計畫とに基いて、全國民の福祉を增進しようとすること、いひかへれば、人間の意思と知力とをもつて、神の「見えざる手」に代へようとしてゐる點では、全く同一だといはれねばならぬ。

さうして、このことは、アメリカの如き自由主義・資本主義の本場と自他共に許す國においてさへもその傾向が見えるので、ルーズヴェルト大統領のこの數年來の政策――ニユデイール始め幾多の經濟政策は、少くとも神の見えざる手の働きを或る程度修正しようとしたものにほかならぬ。

先頃もあるイギリスの有名な評論家が云つたやうに、今や自由主義デモクラシー諸國家も、すべて全體主義的政策への移行を餘儀なくされつゝある、と見るのが正しいやうだ。

要するに現代の基本的特色は「見えざる手」卽ち意識されざる理法を「見ゆる手」として人人が意識的に運營すること、換言すれば、人間が神樣にとつて代らうとしてゐるところにあるといへよう。

統制經濟といふことは、その本質においては、人間社會關係・社會活動原理を、神の手から人間の社會の手に相續することを意味するものだ。

さうしてその相續は決して限定相續を許されぬので、何もかも、一切合切包括的に承繼しなければならないのだ。

だから「重要產業」だけを統制したり、特定商品だけを規制したりすることでは、せつかくの神の「見えざる手」のはたらきを邪魔して、全體社會の運行を亂すことになるので、統制をやる以上、つひには全體經濟に及ばざるを得ぬし、また及ぶべきなのだ。

今日われ〳〵が經濟統制によつて蒙る不便とか不自由とかの原因は、もちろん根本においてはお互の自由主義的利己心が清算されてゐないことにあるが、直接にはこの全面的なるべき統制が部分的に止まつてゐるといふことから多くの破綻が生じてくるのだ。

統制强化といふことを統制技術の熟練向上、特に經濟警察の强化といふやうにだけ考へてゐては、取締り愈々嚴にして、しかも矛盾破綻ます〳〵繁くなるおそれなしとしない。

統制の行く手は、人間が神様に代ることにあるといふこと、從つて單なる「技術」や「取締」に止まらずして「精神」にあり「原理」にあることを、世の指導者達は三思する要がありはし

ないか。（六、一一、一五）

第二十八章

民族の興隆、文化の發展といふことは、もとより幾多の因子に基くべく單純に規定し得ないけれども、その有力なる要素と生理的・心理的な刺戟を擧げることが出來ると思ふ。さうしてこの生理的刺戟にもいろ〳〵あるが、その最大かつ最も綜合的なものは、民族移動であらう。民族移動によつて一方においては、新たなる自然環境の刺戟をうけこれに順應することは、その民族の生理學的若返りをもたらし――もしこの新刺戟に順應し得ず、若返りをなし得なければ、その民族は移動によつて發展せずして却つて衰亡するほかはない――他方において、異民族に接觸することによつて、心理的刺戟をうけ、精神的の若返りを結果することは歴史の事實が明かに物語るところだ。

然らばわが滿洲建國は、この意味において東洋民族の若返り法であるといつて差支ない。現に僅に數年間の現象を觀察してみても、滿洲における諸民族が、實に生氣潑剌としてきたことは、これを建國前と比較して明かである。

工業生産力の新設擴充とか、都市建設とかいふ、物的建設の活潑さに伴ふ元氣とか景氣とかに止まらず、初等學校・中等學校等をのぞいてみても、そこの生徒等の中にたゞよふ生氣を感ぜざるを得ない。

殊に、年々高等程度の學校の入學試驗に際して、青年の體位が向上してくることは著しい現象だ。

これは主として、いはゆる滿人卽ち漢民族についての話だが、朝鮮人や蒙古人等も同樣に、最近非常な元氣を生じつゝあることが認められる。

ところで建國の中核的・指導的民族たる日本內地人の狀態はどうか。

根本的には日本人も若返らざるを得ないし、また事實若返りつゝあることは明かだが、その程度において他民族に比してどうかといふことは反省を要すると共に、單なる外的刺戟に基く自然的若返りにまかせることなく、もつと意識的努力をなす必要がありはしないか。

けだし、異民族との接觸によつてうける心理的刺戟は、文化程度低きものの方が、高きものよりも大であるのみならず、文化程度高きものがより低きものからうける心理的刺戟は、必ずしも發展的・積極的でなく、つまり精神的緊張でなくて、却つて一種の弛緩であり、氣安さであり、さらに墮落にさへも導くおそれがあるからである。

従つて、指導的中核構成分子たる日本人は、一方においていはゆる徒らなる民族的優越感をいましめると共に、他方常にその民族的・國民的使命と責任とを自覺して、積極的に心身の若返り法を講ずべきである。

それは個人的工夫であると共に、島國根性を洗つてしまふのは結構だが、同時に三千年の社會的傳統までもうちすてて、いはゆる植民地かせぎ的氣分と生活態度に沈湎し、異民族をしてひそかに――ときには露はに――ひんしゆくせしめるのみならず、かゝる不健全なる生活から、民族の生理的・生物學的エネルギーと精神力とを消耗するが如きは、まことに悲しむべく、かつ日本人として許し難きことである。

いまわれ〳〵はいはゞ大陸日本建設のためくにつくりの八百萬の神々のわざをいそしみつゝあるのだ。

この自覺、おたがひの血肉の中に脈々と生きつゝあるこの民族神話の再認識こそ、滿洲における日本人の若返りの神藥であり、それはやがて祖國そのものの若返りの基礎である。

（大、一一、一六）

第二十九章

文官令の改正が傳へられる。昨年十月より施行したばかりの文官令は、一方において非常に進歩的な制度だといはれると共に、他面、その適用をうける下級官吏の側から、强烈な非難が起り、またこれを運用する人達の間からも、いろ〳〵の修正意見があるといふ。過つては改むるに憚つてはならぬ。文官令がよし制度自體としてりつぱであつても、民度とか時代的要求とかに卽應しないならば、實際的に修正することはよいことでもあり、必要でもあらう。

下級官吏の不平・怠業・轉職などといふことも、個人的利益に急にして國家に忠ならざる不屆千萬のやからだと、一概に頭から叱りつける譯にもゆくまい。

能率があがらぬ、人が足りなくなるといふやうな目さきの問題だけではない。ほんたうに、國家機構運營の第一線に立つて働いてゐる者達が、不平不滿を起すといふやうな制度ならば、制度自體に反省すべき點があるといはねばならぬ。

しからばどんな風に改正するか？

傳へられるところによれば、實務成績に重點を置き、學科偏重の弊を除去し、俸給の號表別を撤廢もしくは整理するといふやうなことも、改正の重點と目されてゐるらしい。號表のことは別とし、今日の制度でも、實務成績と人物とに重點をおくことになつてはゐるのだ。

それだのに實際は孜々營々として事務に精勵努力するのは損で、仕事の方はいゝかげんにしておいて、學科の勉强と見識(?)の養成とに身を入れる方がとくであるといふ事實が、生じてゐることを忘れてはならぬ。

つまり現行制度の如きいはゆる試驗では、どうしても一時的表現力、或は形式的記憶力の再生産技術といふものが最も重要な要素になつて、人の簡拔を決定するはめになることが避けえられないのだ。

これは試驗といふものの宿命もしくは本質だ。

日本の「高文」なども、もと〳〵藩閥の情實、横暴人事を是正する消極的必要が、その創設の社會的理由だつたと見るべきで、今日でもなほあの制度に積極的な意味を認めてゐる者があるとすれば、よほどのうつけ者かとらはれた考だ。

わが滿洲國の文官令に、もし缺點があるとしたら、この試驗といふものの本質を充分に認識せず、試驗萬能的な潛在意識が基調となつてゐることだらう。

試驗が全然無用だといふのではない。

たゞその效用の限度を明かに認識するの要を說くのだ。

採用考試といふのは必要だ、或る程度の人物のレベルを揃へる上にも、また種々な情實採用を避けるためにも、それは一應の役割をつとめる。

しかし採用後においても、二度三度と學科試驗をやり、この關門を通過しなければ昇進し得ないとする機械的制度には猛省を要すると思ふのだ。

採用考試以外に登格考試といふものをやめてはどうか。

元來制度といふものは、どの制度でもそれは社會生活の最低の標的であり規準であることを思はねばならぬ。

制度萬能・制度理想――つまり制度で人がうんとよくなるなどといふ考は人生を知らぬものだ。

制度は人を惡くせぬ役目をすればそれで結構だし、またそれ以上のことはできないのだ。

特にこれは人事制度についてさうだ。

大切なことは人間は生きものであり、精神的生物であつて機械的存在でないといふことを忘れぬことである。

機械的一時的試験萬能思想を清算して、日々指導者・被指導者の交互影響——指導教育を根本とし、責任推薦を基調とする人事方策が望ましい。

上役は試験でへのぼつた後輩下僚を他人行儀で使ふのでなく、もつと心と心、血と情とで人をひきゐるやうにすべきだし、制度もこの眞の指導組織的人間社會に信頼すべきだ。

機械的制度から人間社會的制度へといふことが文官令改正の主眼だと思ふが如何。

（六，一一，一七）

第三十章

せんだつての省長會議の最終日懇談會の終に當つて、張國務總理が全省長に向つて「各位は口を開けば民生の安定、人心の把握といふけれども、その施政の着意・實踐においては、どうも膚淺であり、眞の熱誠を缺くものがあるやうに思ふ。もつと眞劍に考へ、かつまじめに努力實踐せられたい。」といふ意味の訓辭を、あの溫容に似ぬほどの迫力とはげしさとをもつて述べられた、といふことを傳へ聞いたが、これは單に省長諸氏に對する言とのみ聞いては相すまぬことだらう。

指導者は常に非常時だとか建國精神だとかいつて下僚に訓示し、國民に敎へてゐるが、もつとも非常時意識を昂揚し、建國精神に徹しなければならぬのは上層者であり、指導者達ではないか。

演說が惡いといふのではない、訓示も結構である。

しかし、それは指導者の實踐に基き體驗にうらづけられた、信念と迫力とに滿ちたものでなくてはならぬ。

他人に說く前にまづ自ら行へ。

人民に要求する前に官吏や協和會職員自ら實踐せよ。

この頃の新聞紙の報道によると、官吏の不正瀆職が中央・地方を通じてすくなくないやうだ。起訴されたり發表されたりするのは一部分で、もつと多いのではないかといふやうな推測はしないが、しかし法に觸れて處罰される者が不正者の全部だとはいへまい。

法網にはかゝらぬが、道義的には不良な者がすくなくないにきまつてゐる。積極的罪惡を行はぬまでも、充分に官吏たるの責務をつくしてゐない、いはゞ祿盜人的存在が多くないと誰が保證し得るか。

今日の官吏は「神の見えざる手」に代つて全體社會を運營して行く重責を負つてゐるのだ。

昔の官吏の社會的任務は、たとへていへば流るる筏の舵とりの役目だつたが、今日の官吏のそれは平水もしくは逆流を漕がねばならぬのだ。

「滅私奉公」が官吏に對して要請されること今日の如く切なるはない。

しかるに實際は果してどうか。

舊態依然、功名心と利己心とを主たる動機として行動する官吏が充滿してはゐないか。

官廳間の權限爭と、依然として跡をたゝざる瀆職不正。

迷惑するのは國民だけだといふのは日本內地のことであつて、わが滿洲國におけるかくの如き狀況は、實は大陸日本建設の妨害者であり、東洋民族復興の敵なのだ。

しからば、これら不正不義の徒輩はにくむべし、打つべし、斬るべしといふだけでよいか。

勿論「臭い物に蓋」は斷じていけない。嚴重處斷は當然であり必要である。

かつて建國後間もない頃に聞いた話だが、關東州の古老に向つて「ロシヤ支配時代とくらべて日本の統治はどうだ?」ときいてみたところ、答に曰く「ロシヤ人はずゐ分亂暴もしたり惡いことをしたが、それを上司に訴へると直ちに嚴重に處罰して吳れた、日本人はロシア人のやうにあばれたりイヂメたりはしないが、惡いことがあつて訴へてもどうもウヤムヤに終ることが多い。」と暗に不滿をのべた由。

また或る古參の縣參事官（今の副縣長）はかつて言つてゐた。縣民の信賴を得る一つの秘訣は、不良日系警察官を斷乎處分することだ。

處斷・處罰の嚴正は勿論必要だが、こゝに强調したいのは犯罪以前の措置だ。

それだから訓示するのだといふ勿れ。

そんな對症療法的訓示や應急手當的自肅運動よりも、もつと深い根本的人生觀と生活態度とを、指導者達が先づ把握實踐して、その下僚を率ゐて貰ひたいのだ。

うはつ調子の、腰のフラ〳〵した訓示でなしに、人間味に徹した、正しい生活の見本を自ら示しつゝ先づ官僚自體を率ゐよ。

大衆の指導はそれからだ。（六，一一，一八）

第三十一章

「いづこよりいづこへ流れゆく人の波ぞ。汽車は行くも歸るも、座席は超滿員、寢臺は一ぱい、食堂は朝飯と晩飯との間合がない……。」

これはこれ、この秋渡滿して各地を視察した白柳秀湖氏の感想の一端だ。

白柳氏は滿洲建國の今日の過程を目して、「人類の文化史に類例のない民族ラッシュ。」だといふ。

汽車の滿員、汽船の滿員、宿屋の滿員、住宅の拂底——どこでもこゝでも「四疊半に四人の男が住み、だしきは二組の夫婦が住んでゐる。」

通りがかりの旅行者はこの混亂と不調和と騷音と猥雜とにあるひは驚き、あるひはあきれ、またはヒンシュクする。

さうして內地歸還後いろ〳〵な感想を、あるひは語りあるひは書く。

それが官費又は私費——といつても純然たる個人のポケットマネーではなく、會社とか新聞社・雜誌社の出費が大部分だらうが――で滿洲旅行を爲し得ない內地の一般人の對滿認識のかてとなるのだ。

よくもわるくも、いろ〳〵の人間がやつてきて、此の歷史的大事業發展の過程をあらゆる角度から見、あらゆる主觀を通じて、その感激なり、意見なり、批判なりを報告することは、やがて眞の建國への認識を深めることになるだらう。

學者・學生・敎師・ジャーナリスト・商人、何でもよい、千客萬來、どん〳〵渡滿して、見たり聞いたり、驚いたり怒つたり、悲しんだり憂へたり、何れでも結構といつておかう。

しかし折角多くの金をつかつて、イヤ汽車や汽船等目下もつともその能率を擧げなければならぬ、非常時局の中心的擔當機關たる交通機關を利用してやつてくるのだから、來る人々も出來るだけ、この日本開闢以來の大事業の眞相を認識して、少しでもこれに寄與する心構へをもつて貰ひたく、また滿洲國のその局に當る人々はもちろん、誰もがこれらの視察者に充分の親切をもつてその理解を深める努力をしなければなるまい。

それにしても、先頃日滿中央協會のきもいりで來滿した內地一流の雜誌三十六社の編輯者達は、來年三月、一齊に滿洲國紹介號を出すといふもくろみでやつて來たのだといふことだつたが、これによつて內地數百萬の讀者は、滿洲の現狀に對する認識を著しく高めることになるべく、とにかく意義多きくはだてである。

ところが滿日紙が主催したこの一行の座談會記事を見ると、考へさせられることがすくなくない。

「中央が理想主義的・理論的であるに反し、地方は全く別で、政策と實際とが離れてゐる。」といふやうな所感はもつとも千萬であるが、堂々たる婦人雜誌の主幹が「日本人に滿洲女が惚れるといふこともなく、日本人は日本人、滿人は滿人でかたまつちや、どこが民族協和なのかわからない、日本人に滿人の方と結婚してゐる方がありますかと聞いても、さあわかりませんと云ふ、そんなことで……」と大いにいひたいことがあると語つてゐるのなどは、それこそこちらから大いにいつてやりたいところだ。

民族協和といふことの歷史的意義も政治的意味も知らずに、すぐ結婚して混血することだと考へる樣な人が、大婦人雜誌を主幹してゐるところに、日本內地人、とくに一般大衆の淺薄さが由來するのではないか。

また某作家の如きも、日滿不可分一體などといふ講義をきかされたが、そんなことはわかりきつてゐるといつてゐるが、ほんたうにわかつてゐるかどうか御當人さへあやしいのだ。

日本の指導的ジャーナリスト達よ、もつと〱日本民族の研究、その歴史的使命の自覺を深めると共に世界歴史の勉强をして貰ひたい。

主觀的な目さきの刺戟のみに感應するセンチメンタリズムだけで、大衆に安價な報告をすることは、大きな國家的・民族的冒瀆になりますぞ。（六，一一，一九）

第三十二章

遊興稅問題は多少の波瀾を起したが、愈々十二月一日から國稅として創設せられることになつたらしい。

當初傳へられたところによると藝妓花代に對する稅率は四〇%で、これに附加稅を本稅の二五%として合せて遊興費の五〇%の課稅となるといふので、業者達にセンセーションを起し、稅率低減の陳情運動等も行はれたやうだ。

確定稅率がどのくらゐであるか、また政府が業者の陳情を斟酌したかどうかは知らないが、われ〳〵はこの遊興稅問題をめぐつて、世相の一端を知ると共に、方今の問題がどこにあるかについての一種の暗示を得たやうに感じる。

遊興稅創設乃至稅率引上げが、財政目的を主とするものでないことは明かだ。しからば何をねらつてゐるかといふと、こまかな課稅技術上の問題は別として、大きな要點は二つだらう。

一つは經濟上の問題で、奢侈的消費を規制して、貯蓄奬勵の一端に資しよう、浪費を轉じて生産面に向けようといふにあるべく、いま一つはいふまでもなく倫理上の問題で、この困難な時局に一般大衆はその日の生活にすら窮して居り、また前線將士の困苦を思へば、都市において遊興するといふことは大いにつゝしむべきだ、自制すべきだが、課税の方から直接の倫理運動をなし得ぬから、相當程度の高率を課して、結果的に自肅に資しよう、それはまた應能負擔といふ租税本來の趣旨にも叶ふ、といふのが遊興税の倫理的根據だらう。

ところがこれを傳へ聞いた業者達は一方で大いに驚くと共に、他面税務司當局の本税創設に對する説明の言葉尻をとらへて、大いにふんがいしたと傳へられた。

そのりくつの一つに、われ〳〵の業務が如何にも非道徳的なものであるが如くいはれるのは心外だ、憐むべき女達の存在は、われら業者の責任でなくて、正に社會經濟制度の不備・不公正が根本原因だ。本を正さずして、その末をのみ刈らうとするのは、甚だ聞えぬ話だ、といふやうな説があつたが、まことに堂々たる理論だ。

しかし、それは社會主義者か靑年學生の理論としてはともかく、この方面の當業者の言としては、いさゝかうけとり難いところである。りくつはいはぬ、自分等がどういふ經營をしてゐるかといふことを反省してみればよい。

だが業者達の青書生みたいな議論を誘發したのは、税務當局が純然たる倫理運動的主觀を、遊興税創設の辯に强調したところにあるやうだ。

遊興税はさきにも云つたやうに倫理的基礎をもつが、それは直接的倫理運動ではないし、またその效果の限界も明かだ。もつとも、禁止的高率を課するとせば、相當の效果もあらうが、傳へられる程度の税率では、大した效果は期待出來ないので、それだからこそ六百四十萬圓とかの歳入を豫定し得るのだ。

とすれば業者と税務當局とは一時かたき同士かの如き對立を傳へられるけれども、實は同一利害に立脚してゐるので、おめでたい記者諸君は、遊興税徴收義務者の組合に對する、政府の徴税交附金支給をもつて、鬼のやうな税務當局には溫い情があるなどと報じてゐる。

ともあれ遊興税の重課は現今の時世では經濟的にも倫理的にも必要であり適當である。斷乎施行を歡迎するが、それだけでは倫理的效果はもちろん、經濟的效果の大きな期待はできない。

年何千萬圓かの飲食遊興費と、その社會的負擔とを是正するためには、世の指導者達の心構へと生活態度から改めてかゝらねばならない。

官吏及び特殊會社上層部の人士が誠意猛省せられんことを要望する所以である。

（六，一一，二〇）

第三十三章

「わるくちは鰻の蒲燒よりもうめえ。」とは江戸の學者太田南畝――蜀山人の言だといふ。

同じく江戸時代の大儒荻生徂徠も、「煎り豆をかぢつて天下の豪傑を罵倒する。」ことを書生の快心事だとしたと傳へられてゐる。

してみると人間――とくに權力の地位に居らず、支配をうけてゐるものが、とかく權力者や支配者達を批判したり惡口したがるのみならず、お互同士の間でも、わるくちといふものは、どうも人間の性にあつてゐると見える。

井戸端會議の話題の大部分が、まアよその奥樣や姑さんの長所美點をほめるよりも、何とかわるくちをいふことに落ちる如く、またクラブや會食のうちとけた閑談では、ともすると何人かを槍玉にあげることが通例である如く、もつと手つ取り早くいふならば、他人をほめるといふことは美徳だとは敎へられてゐるけれども、たいていの場合はほめごとは何だか空々しく聞え、もしくは何かのためにするやうに感ぜられはしないか、すくなくともほめごとは聞いておもしろくないのに、わるくちの方は痛快だつたり、心ひそかに贊成する場合が多いではないか。もちろん聞いて極めて痛快な、うれしいほめ言もあるし、反對に甚だいやな氣のするわるくちもある。

人間が總じてわるくちに一つの好みをもつといふことの心理的・社會的理由は何か。

それは人生における一競爭の必然からくる一種の嫉妬に原因するといへよう、が玆にはむづかしいせんさくはしまい。

唯一言したいのは「人間はとかくわるくちを好むもの。」さうしてそれは官吏社會では下僚達、一般社會では大衆の間に、とくにその上層者・支配者をわるくいつたり批判したりすのは、それは人間の通有性で、さけ難いことだと輕く片づけることとなしに、この種の罪もないわるくちとか、かげ口とか、昔でいへば落首とかいふものにも、上層者・指導者はよく注意し、反省して貰ひたいといふことだ。

この頃滿人間には「無封王子」といふ言葉が行はれてゐるが、高官達、とくに日系高官たちはこの語を知つてゐられるかどうか。

王子はつまり王侯のことで、王侯たるものは古來封土を有し、その身分高きと共に責任も高く、當然に自重自愛、封內の人民を愛護せざるを得ぬし、また特殊の例外を除き人民を愛護したものだ。

然るにもし封土なき輕輩にして、王侯の如き權力をもつた者があつたらどうだらう。その權力をもつて人民を愛護するといふのが、その權力の道義的また國家的根據ではあるけれども、下賤輕輩の者にそんなことを要求するのは自體無理なことである。

そこで多くは權力の濫用となり私用となり、すくなくとも一般民衆に對して不親切になり、ゐばりちらすといふことにならざるを得ぬのだ。

しかも、かういふ權力は今日では一つの組織となつてゐるから、それ自體が本來の存在理由から離れてしまつて、權力のための權力となつたかの實情である。

元來一般民衆を保護し、社會秩序を維持するための權力が、權力者のための權力化してゐるといふ社會的事實を端的にいつたのが、この「無封王子」である。

これは都市でも地方でも同樣であつて、今や民衆——必ずしも大衆に限らぬ、また民間に限らぬ、かなり上層の官吏でも、自ら權力を有たぬものはみな、自分を保護してくれるべき權力に對して、恐怖感を抱いてゐるといふことを、この「無封王子」なる一つの時代語が物語つてゐることを、指導者達に猛省して貰ひたいものである。

統制が愈々急となり密となるにつれて、統制機關そのものの統制と訓練とが益々急務となることを忘れては、とんだことになるおそれありといふことを、念のため一言しておく。

（六，一一，二一）

第三十四章

「民生政策は竹の節のやうなものだ。」と星野長官が語つたと傳へられる。甚だ含蓄深い面白い言だと新聞は評してゐるが、詳しい説明を直接に聞かないわれ〳〵には、おもしろいやうでもあるが實は何のことやらさつぱりわからない。

まるで禪問答みたいだ。

政策といふ言葉もいろ〳〵に解されようが抽象的概念としてはともかく、生きた現實の政策といふことになると、われ〳〵は卽今のわが國策遂行上の具體的な方策以外には考へ得られない。さうしてわが國策とは、建國の根本目的の達成、すなはち建國理想の實現のための方策に他ならない。とすればそのうちに占むる「民生」政策といふものの意味や價値も、自ら明かなやうに思はれるが、この「民生」といふ字が實はクセモノであつて、これを「一般民衆つまり國民全體の生活そのもの。」と解すれば、民生政策なるものは建國理想實現の中心目標となるべき筋合となる。

ところがそれでは各種の政策一つとして「民生」のためならざるものなく、國家の諸機關またすべて「民生」のためといふことになるのであつて、少くとも現在の常識に合はないやうに見える。

してみると、今日の「民生」なることばは、ずつと狹い、特別の意味をもつてゐるのであつて、それが他の產業とか、經濟とか、治安とか等々の部門と範圍を異にしてゐるだけでなく、また決して優位にもおかれてゐないこと全く爭ひ得ぬところである。

しかもこの局限性はその理想內容だけにとゞまらず、さらに政策の對象たる國民の範圍にまで及ぶ――いはゞ社會階級といふやうなことが暗々裡に意識せられて、つまり「民生政策」といふと被支配者・勞働者・農民その他被傭階級の福祉政策を意味するといふやうに解せられる傾がありはしないか。

「竹の節」といふ比喩に、もしこの政策の階級性がふくまれてゐるとしたら、どうであらう。

もちろん現實の世界は決して理想狀態に在るのではない、人間の理想と遠ければこそ、われわれはその追求實現のために奉公の生活をなしつゝあるのだ。

しかし理想實現の方策たる政策は、つねに全體生活の理想をその中心目標として居らねばならぬ。

資本主義社會における景氣の循環――好景氣・パニック・不景氣――といつたやうな社會進展の形式、しかもそれが大體一定の間隔を置いて行はれるとか、太陽の黑點と相應するとかといふやうなことは別として、一般生物でも、また社會でも、常に同じ調子で成長して行くことはないので、必ず「波」がある。

或はこれを「節」といつてもよからうし、むしろ年輪とたとへた方がよいかも知れぬ。「民生」政策がこの節だつたり、年輪だつたりするといふもののいひかたは、國家の目的を、生產力の擴充や、國防力の增强にある、國家目的の第一要諦が、形而下の實力充實であつて、國民そのものの生活の向上はむしろ從であり手段であるといふやうな考が、爲政者の意識下に潜んでゐるかに思はしむるおそれあることは考ふべきではないか。

りくつに墮するやうだが、經濟も、產業も、治安も、みなそれ自體の至上目的をもつてゐるのではなくて、何れも手段にすぎない。

根本目的は國民生活そのものの向上發展、人間理想の實現にあることを忘れてはなるまい。たゞし、かういつたとて、抽象的な「民生」などいふものはないので、治安・產業・經濟政策そのものが民生の安定向上の基本であることを否認するものでないこと勿論である。

（六，一一，二三）

第三十五章

「土と戰ふ」といふ滿洲開拓靑年義勇隊嫩江訓練所の菅野正男君の手記を讀んだ人もすくなくないだらう。

渡滿入植以來一ヶ年の生活體驗と感想とを赤裸々に書いたもののよしで、なるほど村崎中隊長の序文にもある如く、いく分たど〳〵しいところもあるけれども、すなほな描寫で共感をもつて讀むことが出來る。

苦しかつたこと、困つたこと、不平等についてはもつと深刻な複雜なものがありはしなかつたかとも想像されぬでもないが、それらについても率直に書いてゐるし、かつそれをだん〳〵克服してゐるのはうれしいことだ。

たゞ筆者が氣になるのは、この貴い建國選士たちの記錄を、どうして土と「戰ふ」と題したかといふことだ。

全卷を讀み通しても、少しも土と戰つてなどゐないのだ。

特に「土と戰ふ」といふ章を讀んでみても、全然土と戰つてゐるのではなくて、大地の惠みと、太陽のいつくしみによつて、歡喜しつゝ自然の化育に參畫してゐるだけなのだ。はげしい勞働の疲勞感や緊張意識は感ぜられるが、それは自然や大地と戰つてゐるのではくて、もし「戰ふ」といふことばを用ふるなら「自己」と戰つてゐるのだ。

元來戰ひといふことは「對等」のものとの間にこそ可能であるが、自然や土地や天を相手にして戰など出來るものでもなければ、爲すべきものでもない。

「自然を征服」するなどといふ言葉もよく使はれるが、いつたい「自然の征服」とはどんなことをいふのか？　高山などに登つて、ヤレ槍ヶ岳を征服したとかなんとか云つてゐるのは、全くヲコの沙汰であり、また自然の冒瀆だ。

だからこそ毎年夏山・冬山ともに大自然の怒にふれてアタラ天與の生命をおとすものもすくなくないのだ。

自然は征服すべきものでなくて、その理法に基いて天地の精たる生命の向上發展を期すべきものなのだ。

天地自然の理法を發見し、これにしたがふこと、つまり自然に最もよく順應し服從することこそ、最もよき生をとげる所以なのだ。

一見自然にさからひ、自然と戰ふかの如くに見えることも、その實は悉く天地自然の法則に從ふことに他ならぬ。

ことに農業の如きは、全くその外形方式からいつても、天地の理法に從ふ以外に何の道もない。

開拓民はこの意味において全く滿洲の新天地に、その理法に從つて永久の生命の根を下すべき人々だ。

青少年義勇隊は、その中の先驅であり選士である。

武裝したり猛訓練をうけるのは、土や自然と戰ふためでなく、くにつくりを妨害する匪賊や外敵と戰ふためであり、またとくに己が心の中に巣喰ふ利己心や怠け心と戰ふためなのだ。

もし大地と戰ふなどといふ意識をもつて農耕開拓に從事してゐたら、天罰たちどころに至るであらうし、よし、いつくしみ深い自然がこの可憐な人間の反逆（？）を許して吳れるとしても「戰つて」ゐるうちに久しからずしてへと〳〵に疲れかつ敗北すること必定だ。

戰は對自然でなくて、對人間であり、特に自己心中の賊であることを三思して貰ひたいものだ。

これはわが頼もしき青年隊に對する祈りでもあると共に、日滿の指導者達にもお願ひしたいことである。

「鍬の戰士」などといはず、鍬の選士と呼んで貰ひたい。

萬歳で送らるることは有り難いが、それは戰爭して凱旋する勇士を送るのではなくて、第二の天孫民族として新しき土地に大陸日本をうちたてるために、おほみこゝろを體して天地の理法に則つて精進する建國選士を送るのだ、といふことを充分に意識して戴きたい。

願はくばわが青年義勇隊をして疲れさせぬやうに、傷づかしめぬやうに！　（六，一一，二三）

第三十六章

「滿洲國は官僚の樂土だ。」といつた人がある。

いふところは、滿洲國では官吏がその理想をどん〳〵實行し得て、實に官吏として生き甲斐のある天地だといふのだ。

日本内地でも政黨凋落後のひところは、いはゆる新官僚、革新の士がはりきつて國家改造の計畫と、その實踐にのり出さうとしたものであつたが、社會機構の複雜さと傳統の根强さは、なか〳〵少數の新官僚などの手におへるものではなくて、いつの間にか「新官僚」といふ言葉さへ忘れられてしまつた。

新官僚の革新運動がものにならなかつたのは、そも〳〵官僚なるものが國民大衆の生活と遊離した、いはゞ一種の根無し草だからだと、社會理論を振りまはして說明する者もあるが、そんなら各種の國民的(?)革新運動はどうかといふに、何れもなか〳〵ものになりさうもない。

支那事變を契機とする非常時局は今や全國民の意識をかへつゝあり、あたらしい改革勢力の結成も漸く可能になりつゝあるかに見えるけれども、まだその前途の見透しはなか〳〵容易ではない。

理想的革新どころか、事變處理・國難突破の非常措置さへも、なか〳〵おもふにまかせぬ現狀だ。

ところがわが滿洲國では、はじめから理想主義なんだ。

建國の根本義そのものが文字通り道義世界の創造にあるのみならず、各種の利害とか傳統とかいふものが、種々の勢力とか階級とかに固つて對立してゐるのではないから、本當によいとこはよいとしてやつてゆけるのだ。

滿洲國官僚は、自ら理想をたて、自らこれを實行して行く任務とその可能性とをもつてゐるのだ。

政治家と行政官との資格を兼ね備へたものを新官僚といふとすれば――日本內地の新官僚といふのは革新イデオロギーをもつた官僚といふ主觀的な存在だつたが――滿洲國の官僚こそ眞の新官僚といふべきだらう。

協和會は政府の精神的母胎であつて、政治理想を發見し組織し實踐するものだとされるが、官吏たるものは、この協和會の指導的構成分子であるから、官吏が單なる行政官にとゞまらずして、同時に政治家であり、またあらねばならぬ、といふことには變りがない。

ところがこれ程惠まれた、働き易くまた働き甲斐あるわが滿洲國の官僚達は、はたしてその使命を自覺してゐるだらうか。

もちろん憂國の士、殉道の士もすくなくないことは明かだが、一方においてまことに罰當り的の存在もあることを否定し得ないだらう。

働き甲斐あり生き甲斐あり、從つて毎日はりきつて懸命にいはゆる建國精神に奉仕すべきだのに、小利害に跼蹐したり、官能的享樂に沈淪したり、はては不正疑獄までひき起すものがあるのは一體どうしたことか。

道途傳ふるところに從へば、官吏の不正事件の原因の一つを、その薄給にあるかの如き口吻の者もあるとかいふが、もし事實なりとすれば、これ程まちがつた不屆きの考はない。

月給が安くてわるいことをするやうなら、貧乏なものはみなどろぼうでもやるほかはないだらう。

しかも不正瀆職は決して最下級の者のやることではなくて、相當な連中であること周知の通りだ。

不義不正の原因は、物の問題でなくて心の問題だ。

千載一遇、まことに曠古遇ひ難き御代にうまれ、くにつくりの大業に參畫することのあり難さを知らないから、小さな慾にかまけるのだ。

さうしてこの使命の重大と有難さとを全官僚に徹せしめる責任は、實はそれ〴〵の部局の長たるものに負つて貰はねばなるまい。

指導者の道義的責任といふことを、もつとまじめに反省する要ありと叫びたい。

（六，一一，二四）

第三十七章

滿洲國の特色は一方においてその指導原理が道義的・理想主義的であると共に、他方においては、その成長、その發展のテンポが實に急激なところにある。

各方面の建設開發の短日月間における驚異的成功は皆人の認めるところで、それは先年來朝したイタリーのフアシスト黨代表パウリッチ侯をして「效率的政府」と感嘆せしめたものだ。

財政上の數字を見るに、大同元年度の一般會計の決算純計は歲入一億五千七百餘萬圓歲出一億一千九百餘萬圓だつたものが、康德五年度豫算はそれ〴〵十億八千七百餘萬圓及び十億七千九百餘萬圓となつてゐる。

それは何れも七倍乃至九倍の膨脹だ。

貿易額を見ると、大同元年の輸出總額六億一千八百萬圓が、康德六年には八億二千六百萬圓となつて居り、輸入總額は同じく三億三千七百萬圓だつたものが、十七億八千三百萬圓となつてゐて、輸出は三五%、輸入は二〇九%の增加である。

鐵道の急速なる發展は、さき頃一萬粁記念祝賀によつて世人の記憶に新たなるが如く、大同元年における全滿各鐵道の延長六千粁なりしものが、今年一萬粁を突破するといふめざましさであり、特にその運賃收入が大同元年に一億三千四百萬圓だつたものが、康德五年には三億五千九百萬圓と一六七％の增加を示してゐるといふことは、鐵道延長の發展以上に國內交通量の增加、つまり國家發展を物語つてゐるといはねばならぬ。

その他各方面の數字を拾つてみれば、何れも著しい進展を示さぬものはなく、その指數は概ね二倍乃至三倍である。

かくの如き經濟的發展は、一方において驚くべき人口增加を伴つてゐるので、大同元年十二月に二千九百九十七萬人だつたものが、康德五年末には三千八百四十八萬人となつてをり、今や「人民三千萬」はすでに四千萬となつてゐるのだ。

このやうな長足の發展は、もとより各國の歷史にも見ないところで、新興國家の面目躍如としてまことに賴もしい限りであるが、かゝる成長の足取りは今後も同樣に續くであらうか。

もとより、資源關係・日滿關係等を綜合すれば、今後の飛躍的發展こそ本格的のものであつて、今迄數年間の事蹟の如きはほんの序幕であり、下準備すら整つてゐないといふのがほんたうである。

しかし現下における諸般の事態は、わが建設工作にどうしても一休みを要請するのではないか、少くとも從來のテンポをゆるめることを餘儀なくするのではないかと思はれる。

つまり國運發展における年輪が不可避になつてきたといふのだ。

今日の常識は五ヶ年計畫その他の建設が物資・機械の不足・入手難によつて豫定通り進まず、さうしてこの物資難は支那事變や國際關係、とくにヨーロツパ戰爭に因るものと考へてゐるので、それは一應その通りであるが、足りないものは物資だけではないのだ。

資本と資源とを結びつけて、いはゆる建設開發をやるのはいふまでもなく人だが、その肝腎な人間が、勞働者も、技術者も、事務家もすべて足りないのだ。

技術者の不足は早くから叫ばれて居り、勞働者の不足についても勞工協會等で先年來、やつきとなつて對策を講じてゐたのだが、一般事務員の養成導入といふことに早くから準備が足りなかつたのだ。

聞くところによると現在における政府關係の日系職員の缺員が四千人、それを內地で大々的募集をやつたら、やつと二千人足らず採用し得たよしだ。

明年度の人的需要は日満人合せれば莫大なものだらうが、中等學校卒業生の數からみて、需要に充たない。

今や金から物への時代から、物から人への時代に移つてきた。さうして「人」はさう簡單に育たぬこと今さらいふまでもないことである。（六，一一，二五）

第三十八章

むかしから「醫者の不養生」といふことは「紺屋の白袴」と對句のやうになつてゐる。紺屋の白袴は經濟主義としてうなづけぬこともないけれども「醫者の不養生」は困りものではないか。

或る人は、醫者が自ら病氣になるやうでは、醫者たるの資格はない。それはあだかも、裁判官が罪を犯して監獄に入るやうなものだといつたが、この一見奇矯に聞えることばも、考へて見ればまことに平凡な眞理にすぎないではないか。

胃腸病院の院長が胃病を患つてゐたり、糖尿病專門病院長が糖尿でたふれたり、といふやうなことが決してめづらしくないのだが、世間では一向問題にしないのは、むしろふしぎな現象だと思ふ。

醫師自らが今日醫術といふものに對して絕對的信頼をおいてゐないことは周知の事實で、試みに自ら病氣になつたお醫者樣にその心境を聞いてみるがよい。殆ど誰でも醫師や藥を信じてゐる人はないだらう。

或る有名な大醫がその病篤くなつたとき、主治醫からタンニンサンオレシンの服用をすゝめられたら、自分の死期近きを知つて「きかずとは思へどこれも義理なれば、人にのませし藥われのむ。」といふ辭世を詠んだと傳へられてゐる。

外科手術とか應急對症的な注射とんぷくのほかには、醫療も施藥も、單に生命力自體の力、生きる力をたすけたり保護するだけで、積極的の治癒力はないのだといふことは、醫學者が公言してゐるところだ。

マラリヤに對するキニイネ、梅毒に對するサルバルサンくらゐに的確な效目のあるものは他にいくらもないのだ。

そんなら醫者や藥の效能はどこにあるか？　それはひとつには主觀的に患者の精神的安心のよりどころであり、客觀的には自然の生命力の治癒力の擁護、つまり養生の指導者であり援助者だといふところにある。

從つて醫者は單に生理・解剖・病理といつた、いはゆる基礎醫學に通じてゐるだけでは足りないのはもちろんのこと、近來だん〳〵やかましくなつてきた實地診療の術に長じてゐるだけでもいけない。

試験管とモルモツトでかちえた醫學博士が、眞の醫師としては殆ど無價値なことは世間でもだん〳〵わかつてきたけれども、更に必要なことは、醫者は眞に「人間」生活の理解者であり、自ら眞に正しい生き方の實踐者であるといふことである。

心身ともに正しい模範的・理想的人間でなければほんたうの名醫とはいへないだらう。

しかしわれ〳〵は、醫師の側に、かういふ至極あたりまへのことでありながら、實は極めて困難な要求をすると共に、一般人の側においても、もつと眞劍にほんたうの生き方を考へ、かつ實踐しなければならぬといふことを痛感するものだ。

だいたいお互は餘りに醫者や藥にたよりすぎてはゐないか。

毎日の新聞や雜誌の廣告欄を見るがよい。

淋病・梅毒その他の藥はもちろんのこと、胃腸藥・消化劑・ビタミン劑等々の、それこそいはゆる賣藥的效能書のます〳〵微妙に、かつ誇大になりつゝあることは何を物語つてゐるか。

年々いろ〳〵な新藥がどれだけ創製(？)されつゝあるか？

賣らん哉の今日の社會組織もその一因には相違ないけれども、社會の人々が自らを頼まず、いな、自然の生命力を信頼せずして、醫師や藥にたよりすぎてゐる、といふことが根本原因なんだ。

醫者でも、ほんたうに良醫はいろ〳〵な藥などはすゝめないで、自然療法の指導をしてゐるのだ。

一般世人はもつと自ら省みよ、さうして現在自分がいかにつまらぬ賣藥等に身をまかせて、自然の良能を妨害しつゝあるかを思へ。

神樣よりも藥にたよるといふことは、自然の理法よりも賣藥業者の利潤に身をまかせることだといふことを悟らねばならぬ。（六，一一，二七）

第三十九章

最低生活即最上生活だといつたら、もちろんその逆說的表現の故に、何たる暴言だ！　と或は憤慨されまたは一笑に附されるだらう。

しかしこの一見奇矯なことばの中に、多分の眞理と敎訓とが含まれてゐることをしらねばならぬ。

われ〳〵の理想はいふまでもなく、物心兩方面の生活の向上發展であり、人格的自由――直接生產的勞働からの質的並に量的な解放、卽ち個人及び社會全體が、その生活資料の直接的生產勞働から解放されて閑暇を得ること――の實現にある。

これを物的・經濟的な面だけについていふならば、富の蓄積、ことに社會的生產力の增大といふことが、われ〳〵の生產目標であるといつて差支へない。

ところがこの生產力の擴充、物的生活の向上といふことは皆人の希望するところであり、社會の一つの理想であるにかゝはらずそれは必ずしも、眞に人間を幸福にしないのみか、客觀的にも生理的人間を退歩させたり、抵抗力を弱めたり、あらゆる罪惡と病氣とを生ぜしめつゝあることは否めないところだ。

そこで現代文明の弊害に對する警鐘を打ちならす先覺者達は「自然に還れ。」「土に還れ。」と叫びつゞけてゐるのだ。

さうして中には「小國寡民」「無爲自然」の老子的生活にあこがれる者もすくなくないが、かゝる原始的素朴生活は、一方においては人間の心理的・生活的傾向、つまり欲望の無限の自己發展性からして、むしろ反自然であり、他方においては人間の社會關係、ことに團體的生存競爭卽ち國家間の競爭の不可避といふことからして不可能なことである。

物的生活の向上、生產力の增大といふことは社會生活の理想だといつたが、たとへこれが理想でないとしたところで、人間社會は滔々としてこの方向に進んでゐるし、また進まざるを得ない。

もしもこの方向を否定して、いにしへに還らうといふ運動を社會生活の全面にわたつて行はうとするならば、それは不可能であると共に、その社會そのものを亡すことになる。すくなくとも他の社會から支配され壓迫され、結局「人格的」自由を永久に奪はれることになること、印度や南洋に生きた實例がある通りだ。

物的生活の進歩向上は、人間社會の宿命だが、それは必ずしも直ちに人間の生活そのものをよくせず、幸福にせずして、かへつて不幸にし、或は生理的・心理的に退歩させるおそれがあるとすれば、われ〳〵は一體どうしたらよいのか。

もとより簡單には斷言できないが、今日われ〳〵が反省し實踐しなければならぬ生活態度の一つは、「社會的・團體的富を蓄積し、生産力の増大に努めると共に、その個人的消費享樂を最少限度にする。」といふことだ。

つまり全體生活の向上に全力をあげて努力貢献すると共に、自己に奉ずることをうすくするのだ。「滅私奉公」こそ健全生活の要諦だ。

高官・重役・財産家等が飽食暖衣しつゝ心身共に病みかつ惱むといふことは、個人的にあはれむべきであるよりも、社會的にいはゞ罪惡である。

「最低生活」といふやうな不正確な比喩的表現はむしろ反感を呼ぶかも知れぬし、勿論文字通りに主張するのではないが、社會の上層部はいふまでもなく、一般社會においても、生活程度の低下といふ一見反理想的なことが實は人間理想にかなひ、かつ幸福の基本であることを猛省すべきだと思ふ。

くり返しておくが、それは社會生活全體の向上を否定するのではなくて、個人の生活をなるたけ菲薄にし、謙遜にせよといふのだ。

端的にいへば眞の最低生活、最少限度の衣食にさへことかく者が社會に一人でもある間は、飽食暖衣をつゝしめといふことだ。それは社會のためであり、同時に個人のためである。

(六，一一，二九)

第四十章

「自戒自肅」は消極的だから「協和奉公」に代へよう。「消費節約」も不景氣で發展的でないから「生產報國」としようといふやうな標語の改變が、協和會本部あたりで論議されてゐるといふことだ。

一應もつとものことであるけれども、社會運動の指標としての標語は、その表現が積極的であることよりも、その內容が生活に切實なる關係をもつことであり、社會人の生活意識にピンと來て、直ちに生活態度に影響し、變化を與へるといふことが、より大切なこと、いふまでもない。だから「自戒自肅」がその言葉の意味が抽象的であり、消極的であるとしても、當今の社會人の生活態度が、ほんたうにダラシなく、銃後國民としてはもちろんのこと、健全なる社會生活から遠いものがあるとしたら、この抽象的・消極的標語も、現實には具體的な、切實な社會的意義をもつことになるのだ。

消極的といふことは標語自體の「文義」によつて判斷すべきでなくて、社會生活の實態との關係において切實であるかどうか、一般社會人がその日常生活において直ちに實行し得るかどうかといふことを第一の標語とすべきだ。

「消費節約」といふことを、頭から、これは消極的だから「生産報國」の方がよいと考へるのは、子供じみた機械論であつて、昨今の社會が、特に有産者社會が、華美で浪費的であるとしたら「消費節約」といふことも、立派な社會的價値をもつことになるのだ。

といつたところで、筆者は「自戒自粛」や「消費節約」といふやうなたぐひの標語を最善だといふのでは、さら〳〵ない。

いつたい現代は宣傳の世の中であり、そのあらはれは廣告と傳單と標語だといつてもよい位だが、このビラ・立札等に書かれる公の標語の中には實に恐れ入るほどの石頭的なものが多いではないか。

內地では「國民精神總動員」といふ垂れ看板を、大ビルディングの窓からいくすぢも下げてゐるのを見たことがある。これなどいかにもお役人もしくはお役人の古手たちの頭腦のほど、社會意識の實脩を示すものとして、後世社會學者や歴史家のためのよい資料となるだらうとおもふ。

標語はいふまでもなく、その時における社會生活・社會意識を規制し指導することを任務とするものであると共に、それは社會人の自發的行動を刺戟することを第一の要件とするのだ。

それ故一般に標語は、國家社會の全體目的と社會人の生活態度や樣式との關係に、ピタリと觸れなければならぬし、ことになるべくは具體的であることを要する。

「自戒自肅」で不充分ならば、「宴會は質素に。」でもよいだらう、「大酒を飮むな。」「馬鹿遊びはよさう。」でもよからう。

「生產報國」といつたところで、大ていの消費者はその消費生活の面では直接生產をしてゐる譯ではないから「結構な標語で!」といふ位のことにとゞまる。

むしろ「買物を控へよう。」とか、「今年は新しい洋服をつくらぬことにしませう。」とか、「古服破れ服お國のため。」とか、すべて各方面の消費について具體的な指標を與へることを工夫すべきだ。

しかし最もかんじんなことは、社會人をして、常に國家の目的を知らしめ、自己の生活と全體生活との相關關係を具體的に如實に理解させておくことだ。

この個人生活の全體的關係の認識と全體生活の現狀と見透しさへあれば、標語などは抽象的

でも下手でも充分の効果があがる筈だし、また物笑ひになるやうな標語などはうまれないだら
う。（六、一一、三〇）

第四十一章

けふびでは滿洲國三千萬民衆の總意で建國されたといふやうなことを考へたり說いたりする者は、先づあるまいと思ふが、それでも友邦日本國の仗儀援助によつて、滿洲國が發達しつゝあると說き、また考へる者は多いだらうと思ふ。

これは建國工作の政治的・歴史的發展過程からして、自然なことであるが、今日ではさらに深く反省して、眞の滿洲國の理念と實體とをつかむ必要がある。

日滿兩國の不可分一體關係を理論的に明確にし、かつ信念化するためと、今一つは不可分關係の現實の血のつながりを强化すべき開拓民の思想的根據を明かにするためには、友邦呼ばはりや、仗儀とか援助とかいふ他人行儀的思想を清算しなければならない。

友邦日本といふ對日稱呼が不當なことは前にも書いた通りで、このごろとき〲用ひられる「盟邦」でさへも、眞の日滿關係を示す稱呼とはいへないので、まづ親邦とでも呼べば、ほゞ兩國の關係の實體をあらはすに近いだらうといふことも述べたが、さうすると建國後における治安の恢復、財政の確立、産業の開發等をもつて、日本の仗儀援助によるとするのも、當然に適當な表現だと云へないことになるのだ。

つまりこのことを直接法的にいへば、滿洲國を建國したのは日本國であり、從つて滿洲國は大陸日本だといふことになる。

人類の最大至高の大創作たる日本國體の當然かつ必然的發展が滿洲國であり、それは日本天皇の大御心によつて建國せられ育成せられるものである。

だから滿洲國の建國工作は日本そのものの發展であり「眞理日本」の顯現であり、その故にこそ日滿兩國は不可分一體なのである。

されば日本國が滿洲國の治安國防に任じ、産業の開發に努力することは、かのアメリカ合衆國の獨立の際にフランスが援助したとか、スペインのフランコ政權の樹立がイタリーやドイツの仗儀によつたとかいふのとは、全くその本質を異にするので、それは實に「大陸日本」の建設であり「眞理日本」の發展そのものである。

しからばこの極めて明白な理義が、なぜ一般の常識となり、信念となつてゐないのかといふと、それは前述の如く建國の歷史的・政治的發展事情によるのだ。

すなはち、一二の具體的事例を擧げるならば建國早々にあつては、日本人は滿洲國政府において、中央も地方も「顧問」としての地位にあつたので、今日の如く滿洲國官吏としての資格をもつたものではなかつたし、一般に滿洲國における日本人の地位は「在滿邦人」「居留民」であつて、決して「指導的・中核的構成分子」「日本帝國臣民にして同時に滿洲國人民」たる本質が明かではなかつたのだ。

また皇帝の登極も、天意すなはち日本天皇の大御心によるのであつて、從つて禪讓放伐・易世革命を許さぬのだといふやうなことも、當初は今日のやうに明確には說かれなかつたのだ。いはんや開拓民の根本使命が日滿不可分關係の强化、大陸日本建設の人柱たるにあるといふやうなことはつひ最近まで、しかく明瞭になつてゐなかつたのだ。

だがそれらは何れも過去のことに屬し、今日では上述の日滿關係卽ち滿洲國の本質が明確になつてきたのであるから、指導者達はもちろん、一般國民もすみやかにこの國の本質を理解する必要があるのだ。

さうしてその卑近なところからいへば、まづ友邦よばはりをすみやかにやめ、また仗儀などといふ言葉づかひをしないことだ。

大陸日本滿洲國の育成發展、は日本そのものの發展なることを忘れてはならぬ。（六，一二，一）

第四十二章

滿洲國は經濟的にも政治的にもはた文化的にも、殆ど各種の傳統や行きがゝりがなくて、いはゞ白紙のやうなもので、善と信ずるところ、理想とすることをどし／＼實行することが出來る、といふのが一般の常識であるけれども、それも實は程度の問題であるのみならず、すこし立入つて考へてみると、事は決してしかく單純でも容易でもない。

それは複合民族國家で、政治的に各種の困難支障があるといふよりも、むしろ滿洲國の建設經營がいろ／＼の意味において本質的にも現象的にも、日本國の大陸發展であるため、現象日本の制約を殆どあらゆる方面において受けざるを得ないといふことに由來する。

たとへば滿洲國經濟建設の基本的方式たる「特殊會社」制度は、人も知る如くいはゆる自由主義的資本主義——利潤追求を唯一の動力とする企業原則を避けると共に、ソ聯流の純國家企業形態の官僚的非能率性を除かうといふ意圖、即ち國家目的・全體利益を目途としつゝ、個人の創意をどこまでも活用しようといふこと、比喩的な表現を用ふるならば「士魂商才」をねらつたものである。

しかるに實際においては一方ではこれら特殊會社の資本の大部分が日本國において調辨される關係上、たとひその一半は滿洲國の國債として、滿洲國政府の手をくゞり、投資特別會計から國家的性格を附與されて企業に投資されるにもせよ、日本の「資本」的性格を依然として貫き續けるのみならず、他方において、これら特殊會社首腦者たる人的要素が、そのいはゆる實業家出身であると官吏出身であるとを問はず、日本資本主義の溫床に育つた人を主とするため、イデオロギーの上でも、直ちに「士魂商才」的滿洲國の要請にそふことを期待し得ないのだ。

今日の特殊會社のすべてが「商魂士才」になつてゐるといふのは酷評であらうけれども、さうかといつて、すべてが滿洲國の意圖の如く「士魂商才」的能率と本質とを發揮してゐるとはいへないだらう。

さうして、それは實に現象日本國の姿がマザ／＼と大陸にうつし出されてゐるのにほかならない。

ところがかういふことは決して、單に經濟的建設部門に限られたことではないので、文化的方面においても同様である。

たとへば滿洲國の教育は日本國七十年の實績を反省して、革新的學制を樹てたのであるが、さてそれの實施運用になると、いろ〳〵の點で日本の制度及び文化內容に制肘されるところがすくなくない。

手ぢかな一例をあげると、滿洲國の中等學校では外國語を極めてすくなくしてゐるのだが、最近新設の某畜產國民高等學校で、全然英語科をやめて教育をやらうと計畫したところ、實際の授業といふことになつてハタとゆきつまつたといふのは、學生にはどうしても藥品の名前を敎へねばならぬが、その藥品が多くイギリス語で書かれてゐるので、少しも英語が出來ぬでは藥品の見分けもつかぬといふことになるわけなんだ。

そこで最少限度英文字が讀め、かつ字引がひける程度には英語を敎へておく實際上の必要があるといふのである。

日本內地で中等學校の英語科を必修科目からはづせとか、學修時間を減少せよとか叫ばれてゐるが、われ〳〵から注文したいのは、それと共に社會の實際生活において、すみやかに無用の英語をやめて貰ふことだ。

輸入品でもなければ、また英語國への輸出品でもないのに、わざ〳〵英語の商標や品名をつるけなど、いつたい何とした不見識であるかといひたい。

眞に理想的な東洋國家としての滿洲國を育成するには結局、日本そのものを全面的に「眞理日本」に建て直す必要があるのだ。（六，一二，一）

第四十三章

南洋では日本人のことを「懷中電燈」と呼んでゐるといふ。

日本人の活動が懷中電燈そつくりで、始めパッとあかるいが、いつか暗くなつてしまつて、遂には使用にたへず、うつちやられて、そこいらにゴロ〳〵してゐるといふ意味ださうだ。

眞僞のほどは知らないが、まんざら根も葉もないことではなささうだ。

といふのは、この健康地たる滿洲に來てゐる日本人の樣子をみても、ヤレ日本民族の大陸還元だ、大和民族の大陸移動だ、大陸日本の建設だ、と識者先覺は說くけれども、一般日本人大衆の滿洲における生活力は、今日までのところ、まことに賴もしからぬものあることを思ひ合せるからだ。

日本內地が今日世界第一の結核病國であつて、死亡統計によれば肺結核が千人中十五、六人にも及び、アメリカやドイツなどの倍にも上り、血氣盛なるべき靑壯年が年々十二萬人も胸の病でたふれるといふのだが、滿洲の結核死亡率も、統計上內地と同樣であつて、實際上病んで歸鄕する者が多いから、內地の倍の結核死亡者があるだらうといはれて居る。

しかも滿洲へ來る者は原則として元氣旺盛・體格强健なる者であるといふことは、滿鐵をはじめ、各特殊會社・官廳などの採用條件を考へてみても疑ひないところだ。

元氣な健康な靑年が滿洲へ來て、內地よりももつと不健康になるのはなぜだらう。

滿洲の冬が寒いからだなどといふのは氣溫と呼吸器との關係を知らぬ者の言で、全くとるに足りない。

寒いから肺病になるなどと考へる者は、一つ遠藤博士にでも聞いてみるがよい。また各國の高山サナトリウムのことを考へてみるがよい。

滿洲そのものは斷じて不健康地ではないのだ。

しからば何故日本人は、特に日本靑年は滿洲で多く胸の病でたふれるか？

それは日本內地からもつて來た病が嵩じるのでないならば、多くはその生活態度によつて自ら招いたものなのだ。

暴飮暴食・夜ふかし・不攝生、さうして麻雀・碁その他。

若い者が肺病になつたといふ場合調べてみると、たいていは室內の勝負ごと、とくに麻雀に耽つたか、酒をすごしたか、女におぼれたかである。

「疾病は罪悪だ。」といつたら、あまりキツイ血も涙もない議論だと思ふ人もあるかも知れぬが、よく胸に手をおいて反省してみるがよい。

親からうけついだ遺傳的な病氣といふやうなものでもあれば格別、一人前に育てて貰つて後の病氣といふものは、殆ど全部自分みづからが招いたものであることがわかるだらう。

それも働きすぎた、お國のために病氣になつた、といふやうなことは先づすくないので、大抵は享樂のため身を破るといふことの方が多いのだ。

飲みすぎ・喰ひすぎ・遊びすぎ・夜ふかし・不正・良心の煩悶・借金のくるしみ等々、まづ〳〵身から出たさびといふのが病氣の主要原因だとしたら「病氣罪悪説」も決して冷酷なことばとのみはいへまい。

眞の滿洲建國、大陸日本の建設は何を措いても、日本民族がこの大陸に健全なる生活の根をおろすことが根本だ。

十年二十年の出稼ぎでなくて、日本民族が新たなる生活の據點を確立するのでなければ斷じて「不可分一體」は永續しないし、「大陸日本」は實現しないのだ。

産業開發も、經濟建設も、日本及び日本人の力でどん〳〵進行しつゝあるけれども、日本民族そのものの生物學的生命力がこの土地に根をおろさないならば、それは結局においては民族生命力の消耗に終るのだ。

われ〳〵滿洲日本人は南洋日本人の懷中電燈的運命に鑑みるまでもなく、その健康と生活態度とに猛省を加へねばならぬ。（六、一二、三）

第四十四章

滿洲における日本人は不親切だとは皆人の認めてゐるところだ。

官も民も、男も女も、一般に親切とか、やさしみとかに缺けてゐることは事實のやうだ。

官廳や會社等の受附の不親切でキバツてゐることに對して、不快な經驗をもたぬ人はすくないであらう。

電話をかけてもその横柄にしてブツキラボウなること、アキレルやうなのがすくなくない。

いくら相手の顏が見えぬからとて、いやしくも人との應對だ、人格の接觸である、もつと叮嚀に、やさしくすべきだ。

ところが滿洲日本人にかけてゐるのは親切心だけではないので、一般に感謝の念とか報恩の情とかいふものが著しく乏しいやうである。

日本人のよさ、貴いところは、天に對し、神に對し、君に對し、有難い、もつたいない、といふ感謝の念の强いところにあるのだが、滿洲に來てゐる日本人にはどうもこの感恩報謝の念が甚だ乏しいやうに見受ける。

もう一つ滿洲日本人にかけてゐるのは、優にやさしい情味だ、ゆとりとうるほひだ。滿洲社會はいかにも活潑ではあるが、その代りどうも殺伐の感がある。

これは日本人にとつて事實上新しい植民地であり、建國理念の如何にかゝはらず、一つの出稼ぎ地であるといふ社會的理由からして、一應はまことに止むを得ないところである。

さうしてこの殺伐な、情味うすき、不親切な成り上り者の社會も、十年二十年とたつにつれて漸次おちついた、しつとりとした品位ある社會となるだらうし、またさうならしめねばならぬが、われ〳〵はこの社會の自然的發達の趨勢にまかせて、現狀をそのまゝすて置いてよいだらうか。

結局は時の經過、歷史の自己の成長といふことにまつより外はないけれども、今日に生きてゐるお互の考へ方や工夫で、いくらかでも是正し得る點があるなら、その努力をすることはお互の任務だと思ふ。

いつたいこの混亂・焦躁・不親切・殺伐といふ滿洲社會の一面は、根本的には新社會の不可避的性格であるけれども、この社會に老人の少いこと、もしくは居ないことにも、幾分關係があると思ふのだ。

日本のやうに老人がうよ〳〵してゐて、如何なる改革もできないのも困りものだが、滿洲社會の如く、家庭にも社會にも、ほんたうに長い貴い生活體驗をもつた長老や老父母・老先生がなくて、どこへ行つても、若い者ばかりで、それが經驗はもちろんのこと、大した識見も知識さへも有たず、いはんや人生の深さも廣さもわきまへぬくせして、權力だけ不相應に與へられてゐるといふのでは、まことにもつてあぶなつかしくてならぬ感がある。

そこでどうしてもいますこし滿洲社會に、日本の老人――といつてもすでに生活力をうしなつたおいぼれた人をいふのではない――を招請することが必要ではないか。

さうして現在をる日本人の相當年配の人は心身とも、もうろくに役にたゝぬやうになつたといふのでない限り、何とかしてその生活經驗を生かすやうにすべきではなからうか。

この頃は內地から滿洲國文官令の停年以上の大先輩が、だん〳〵招請せられつゝあるのは結構なことであるが、他面建國前から滿洲に働いてゐた老日本人先達をも、充分尊重して行くやうにしたいものだ。

昔から「龜の甲より年の效。」といふが、われ〳〵は長者の生活經驗といふものに、もつともつと敬意を表すべきであると思ふ。

敬老などといふ形式主義でなくて、眞の長者先輩の有言無言の教訓を味ふことは、今日の滿をおちつきある、ゆたかな世界にする一つの方法ではなからうか。

（六・一二・四）

第四十五章

「自分のことは自分でせよ。」とは小學校における訓育の一つの眼目であつたやうに思ふ。

自分の身のまはりのことで、自分にできることはすべて自分でやらせるといふことは、ほんたうに生活力のある人間をつくる基本的な訓育である。

ところがかういふ訓練をうけて育ち、また事實自分のことを自分でやるやうになつてゐると自認してゐる成人達が、一般に、極めて大切な自分のことを、殆んど全く自分で處理することができず他人まかせにしてゐることがある。

それは病氣だ、健康だ。

もつとも平素健康について相當に氣をつかひ、運動その他保健上の努力をしてゐる人々も、すくなくはないけれども、多くの人は自分のもつとも大切な自體のこと、健康のことを、どうやら他に頼つてゐるやうに思はれる。

とくに病氣にでもなれば醫者に頼つてしまふのが通例ではあるまいか。

しかるに身體のこと、病氣のこと位自分の責任にかゝることは他にないのだ。

そもそも生命といふものは必ず個體に顯現するので、生命の良能とは、つまり生きてゐる個々の生物、われわれ一人々々の人間、すなはち自分そのものがもつてゐる生命力に他ならない。醫者はこの生命力の自然のはたらきをたすける以外のことは出來ない。いな、この良能を充分にはたらかせるやうに病人に手傳ひをするだけなのだ。

だから良醫は病人に醫者をたよらせるよりは、自分の生命力、天地の理法をたよりとして安心立命するやうに指導するのだ。

しかるに一般の人々は、いかにも醫者や藥そのものが治病の力をもつてゐるやうに考へて、一番大切な生命力のことを忘れてゐる。

さうして、僻地にゐる人々などは、良い醫者や病院がないといふことを一番さびしがり、頼りながるのだ。

「もしも大病にでもなつたら。」と心配するのは一應無理からぬことであるけれども、外科的な大傷害とか急性の傳染病とかならいざしらず、普通一般の病氣では、病院の有無などはさして實際上問題でないのだ、といつたら暴論だと思ふ人が多いかも知れん。

百歩を讓つて病氣になつたら醫者にたよるより他にないといふことにしても、だいたいお互は、さう易々と病氣などになつてよいものだらうか。

やれ生産力擴充だ！　國民組織だ！　總動員だ！　奉公だ！　興亞だ！　といろ〳〵の政策や國民運動が行はれてゐるが、そも〳〵あらゆる卽今の政治や國策は何のためにやつてゐるのか？　いふまでもなく、人類全體の幸福を增進するためではないか。文化を向上せしめ、生命の發展、人格の完成――全體と個人との一體的發展、民族生命もしくは國家生命といつてもよいだらう――を實現するためではないか。

さうすればその目的のうちにはお互なま身の健康保持增進といふことも、重要な部分を占めてゐる筈だ。

のみならず、病人や半病人などが建國精神だ、總動員だ、奉公だなどといつたところで、それは空念佛で、むしろ自分が全體生活の荷厄介になつてゐる位のものだ。

だから指導者達は何を措いても自分の健康位自分で保持し向上せしめなければ、指導者の資格はないといはねばならぬ。

むかしの聖人賢者はもちろんのこと、西洋のキング達ですら、みづから健康そのものであつたのみならず、必ず大衆の病氣を治癒し、健康を指導する力を備へてゐたものだ。

しかるに今日の政治家や指導者達は、他人の健康を指導するどころか、自分の健康さへも守り得ず、「病氣は醫者の責任。」といつたやうな常識と生活態度とであることは、じたいその小學校生徒時代の訓育すら、おき忘れた不屆と思ふがどうか。（六，一二，五）

第四十六章

民生振興政策の强調につれて醫科大學や開拓醫學院の開學、病院の新設が着々として計畫され實施されるといふことは、まことに喜ばしいことである。

康德六年四月現在における滿洲國の醫師數は、洋醫が三千六百七十一人、齒科醫が五百十六人、漢醫が一萬八千三百八十九人だといふ。

卽ち全部ひつくるめて二萬二千五百七十六人のお醫者樣があるわけで、これを三千八百餘萬人の國民にわり當てると、人口一萬人當り五・九〇人となる。

いま諸外國（一九三二年の國際聯盟年報による。）の例を見ると、ドイツは醫師數六萬三千八百七十八人で、人口一萬人に對して九・八九人、フランスは二萬四千五百十三人で同じく六・八九人、日本は五萬六十八人で七・五五人の割合、アメリカは醫師數十七萬八千六百六十五人で人口一萬人當り一四・三〇人となつてゐる。

その他小國で人口當り醫師數の多いところを拾つてみると、ギリシヤの一〇・六五人、ノルウエーの一〇・〇七人、デンマルクの一一・一八人、スヰスの一二・五〇人等である。

反對に醫師數のすくない國をあげれば、今は國亡びて山河存するポーランドの四・二一人、リトアニアの三・九〇人、及び正に國家存亡の急に直面せるフインランドの三・八九人等がある。

そこで外形上の數字だけ見れば、わが滿洲國もお醫者樣の對人口比率はさう低いといふこともない、立派な保健國家ぢやないかといふことになりさうだが、二萬三千人足らずの醫師の八割强といふものは漢醫であつて、今日の知識社會ではこれらの漢醫をば、殆ど舊世紀の遺物であるかの如く考へる人が多いし、また事實あまり信用をおくことのできないやうな籔井先生もすくなくないだらうから、統計數字からのみ判斷するわけにはゆかない。

むしろ今日の常識では、滿洲國では著しく醫者が不足してゐるので、ことに今後開拓民がどし〳〵入植するにつれて、その方面だけでも醫師の需要が年々三百人にも及ぶし國內一般の需要も四百人位にはなるから、すくなくとも每年七百人位のお醫者が新しく入用になるといはれてゐるのだ。

この場合の醫師は、もちろん洋醫のことで、漢法醫のことはなんら念頭におかれてゐないやうだ。

ところで、洋醫の養成供給もとより結構であるが、いはゆる漢醫といふものは全然無價値としてすてておいてよいものだらうか？　今年の協和會全聯の議題にも漢醫に對する要望――主として現在の漢醫の指導再訓練、及び未登錄者の認可要望があつたと思ふが、この問題は、單に現在の漢醫の素質とか價値だけに限ることなく、遠く廣く漢法そのものを愼重に考慮善處するを賢明とすると信ずる。

日本では明治十七年に醫師法を制定施行するに際し、徹底的に洋醫主義に依り漢法醫を葬つてしまつたのだがその結果は果してどうか。

滿洲國で漢醫法を公布して、ともかく漢醫を認めたことは、たとひ他の政策上の見地からであつて、醫學的見地からでなかつたとしても、じつに聰明なやりかたであつたといはねばならない。

今や西洋の本場において從來の醫學――ユダヤ的・分析的醫學のゆきづまりが叫ばれ、「東洋醫道」に注目する傾向が起りつゝあるのだ。われ〳〵は東洋傳統の醫道の眞價を反省し再認識すべきである。

西洋の分析的・科學的醫學をすてよといふのではない。

東洋古來の全體的・生活體驗的醫道の上に立脚しつゝ科學的研究を應用し驅使する樣にありたいと思ふのだ。

本來の漢醫法は、いはゞ哲學的であり道義的實踐道であるに反し、西洋醫法は科學的であり部分的・技術的なのだ。

滿洲醫道の確立を、この國の永久の幸福のために切望にたへない。（六，一二，六）

第四十七章

今の役人達に「できるだけ仕事をしないやうにして貰ひたい！」といつたら、「とんでもない！　一日が三十六時間あつても足りない、からだが二つもほしい位だ！　なにしろいそがしくて。」といはれるだらう。

なるほど世は非常時で、なんぴともその全力をあげて活動しなければならない。二人前も三人前も働かねばならぬ時ではある。

ところがその努力、その忙しさは、はたして眞に全體目的の達成のために本質的な忙がしさや努力であるかどうか。

これはひとり官吏だけに限つたことではないけれども、世の人々が一般にたえず反省してみる必要がありはしないか。

「いつたい自分がやつてゐることはほんたうに世のため、人のため、卽ちお國のためになつてゐるや否や。」といふことを毎日反省しつゝ仕事をしないと、いつのまにか仕事のための仕事か、權勢慾のための仕事か、功名心のための仕事になつてゐて、およそ眞の目的とは反對の效果をあげるやうなことになるおそれがあるのだ。

日本ではさきごろから、東海道線および山陽線の急行列車を二本增發することになつたが、それは勿論各種交通量が急增し、とくに滿洲・支那等大陸との交通が從來の數倍にも達したこともその大きな原因であるけれども、關西その他の商人や實業家達が東京政府に御用が多くなつたことが、かなり重要原因になつてゐることは爭へない。

爲替許可についての大藏省、物資配給についての商工省といふものが、今日の日本の經濟生活にどういふ役割を演じつゝあるかといふことは、一度大藏省や商工省の廊下に立つてみたなら、何人もいまさらにおどろかされるにちがひない。しかしそれは、自由主義經濟に對して國家統制を加へてきたのだから、つまり神の見えざる手による自然調和をお役人の手でやることになつたのだから、まことに餘儀ない仕儀なのだ。

しかし、この神々の群たる經濟統制のお役人たちは、從來の權力のみのお役人とちがつて、經濟體制運營のエンジニーアなのであるから、まづキバルことをやめるのは勿論、できるだけ能率をあげてもらはねばならぬ。

「それは勿論のことでわれ〳〵はやせるほど、いや病氣になるほど働いてゐる。」といふかも知れない。

お役人の勉强振りを疑ふわけではないが、願はくば頭をめぐらして、「どうしたらもつと仕事をせずにすむか。」といふことも考へてもらひたいものだ。

自體役人といふものは、「いそがしい。」といふことを本能的に喜ぶものである。多忙を得意とするのが役人特有の心情である。

そこで練達のお役人に注文したいのは、少しおひまになる工夫をしてもらひたい、といふことだ。

このことは特に滿洲國のお役人に申したい。隨分といそがしい人達が、いそがしい上にもいそがしがらうと、何でもかでも口を出したり、手を出したり、御親切はありがたいやうだが、その實ありがた迷惑といふこともあり、歸趨に迷つたり、適從するところを見失つたりといふやうなこともある。

これは特殊會社の重役さんの日常を忖度してみるのだが、産業五ケ年計畫を擔當遂行すべき特殊會社は、もちろん官制によらざる國家機構だとおもふが、この國策會社のお歷々たちは每日々々政府各部を足をすりこぎにして、いや貴重なるガソリンを浪費(?)して、巡拜し、大先輩の身をもつて、若輩・後輩のお役人達の諒解と援助(?)とを求めるのがその仕事の大部分になつてゐはせぬか?

一寸でも關係があれば、どの官廳にも敬意を表さなければ仕事がうまく行かぬといふ實情ではなからうか。

もしさうだとすれば、お役人はもつとお互に責任を重じ、他人や他の官廳を信用して、なるべく仕事の間口をせばめてはどうか。(六，一二，七)

第四十八章

「ナチス厚生協會」ドイツにおける最も重要な、さうして活潑有效な國民運動組織であるが、その理想目標は「病院の要らぬ國の實現」にあるといふ。

同協會が、整然たる組織をもつてゐることとか、その財政が、政府からもまた黨からも獨立してゐて、しかも年收八億二千萬マークに上つてゐることからも、さすがにと思はれるけれども、それは國民性や民度や、社會組織などによるところ多く、必ずしもすぐに學ぶといふわけにはゆかないが、われ〱が、直ちに移してもつて行ふことのできるのは、「目的意識」が極めてはつきりしてゐることと、さうしてその方法が計畫的・實際的であることとだ。

同協會活動の一部門たる「母の家」の如きも「疲れたる母」を休養させ、元氣を回復させるために各種の合理的方法を講じてゐるが、その目標は「母を若返らせる」ことだとしてゐる。

この「母を若返らせ」たり、「病院の不要な國」を實現するといふ極めてはつきりした目標をかゝげると共に、この事業に從事する者たちに對して、この目標の國家的意味をしつかりとつかませ、この明瞭な目的意識の上に合理的・組織的方法の實踐をさせてをるのだ。

たとへば「母の家」に働いてゐる若い娘――看護婦みたいな者――達は、彼女等の任務が、「母を若返らせる」ことにあることを充分に識つてゐるのみならず、何のために母を若返らせるのかといふその仕事の國家的意味をはつきりとしつてゐるといふことだ。

彼女等はいふ、「母を若返らせる」ことは「家庭を若返らせる」ことだ。「母を若返らせることは強き子供を作ることになる。」「だから母を若返らせることは國を若返らせることだ！」

おしなべての看護婦たちが、はつきりと自分の仕事の國家的意味を認識してをり、喜び樂しんでその仕事に精を出してゐるといふことは、何とうらやましいほどのことではないか。

また「病院のいらぬ國」の實現方法の一つとして實施せられつゝある「健康館」の如き、或は「巡回診療教育班」のごとき、いづれも目的意識の明瞭と方法の合理性とが、ピタリとしてゐて、從事員も、國民もそれをよくつかんでゐるらしい。

われ〳〵もいま、あたらしい理想國家建設のために、いろ〳〵工夫し、組織し、努力しつゝあるけれども、どうも物足らぬのはあらゆる仕事に必ずしも常に明瞭なる目的意識が伴つてはゐないことと、計畫性・合理性が伴はないことだ。もちろん滿洲社會とドイツ社會とはその文化、その傳統、その社會的訓練において、まるで比較にならない。

また民族の複合とか、民族性の差とかもあつて、たうていドイツの如き制度方法をとり得ないことはいふまでもないが、しかしわれ〳〵は滿洲國の理想と現實とに顧みて、もつと〳〵着實に、さうして、はつきりと、日々の仕事の價値と意義と方法とを認識し、組織すべきではないか。

國民一般、大衆のことはしばらく措く、官吏や、協和會職員や、特殊會社員等は、もつともつとはつきりとその任務と使命とを自覺すべきではないか。

官吏の如き、特にその任務をはつきりと自覺して、毎日の活動を反省すると共に、その仕事に合目的性・計畫性をあたへる努力をしてもらひたいものだ。

官吏・協和會職員おしなべて、全部とはいはぬ、その指導的地位にある人々、とくに日系の上層者だけでも、目的意識をはつきりしてほしいと思ふ。

さうしてこれら指導者達は、自己の把握せる目的意識・方法等を、常にその部下に傳達するやうにしてもらひたい。

要は指導者達が、よき教育者として精進することよりほかに、この建國の大理想を實現する

途はないのである。（六，一二，八）

第四十九章

この頃はすべて「物が足りない、不足だ。」といふ面からばかり考へられ、說かれてゐるやうであるが、その反面をも、もつと省みる要がありはせぬか。

いふまでもなく、すべての物は慾望の對象であつて、物と慾望との關係は分子と分母との關係にあるのだから、分子の方を大きくすることによつて、その分數の値を大きくすることができると共に、分母をちひさくすることも、同一の結果を生むのだ。

このりくつは昔から聖人賢者がたえず人生の生き方の基本として說かれたところで、「慾をすくなくせよ。」あらゆる慾望を節せよといふことは、古今東西の人生の師たる人々の敎だ。

抽象的に推論すれば、分母たる慾望をゼロにすれば分子はたとひ一であつても、その價値は無限大となるわけだ。眞にゆたかな生活といふのは、主觀的にはみちたりた生活感のことだから、それは慾望のちひさい生活だといへよう。

この人生の主觀の方面に重點を置いた考へ方や敎は、もと〳〵東洋的であり、前時代的であつて、西洋的な生活態度、いな正確には現代的な考へ方・生き方は、ひたむきに分子たる物の増加に努力するにある。

その結果は、物の面だけについていへば、現代生活はむかしに比べていちじるしくゆたかになつてゐるので、たとへば今日の普通一般人の生活、安サラリーマンの生活資料や手段でも、そのむかし貧澤豐滿を極めたといはれるソロモン王や、支那の皇帝などにくらべて、ずつと進んだ面があることは否めない。

しかるに現實の生活感そのものにおいては、今日の方がむかしよりは切迫し、窮乏してゐると思はれるのはなぜか？

それは分子たる物の增大とともに、いなそれよりも一層分母たる慾望が增大し普遍化したからだ。

むかしは一部少數の支配者にしか許されなかつたものが、今日は何人でも慾求し獲得し得るのだ。

個人のめざめ、階級の解放、さうしてそれはまた民族の解決、國家の解放、要するに「自由」なる世界觀・人生觀の生んだことだ。

さうしてこの「物益々多くして益々不足を感じる。」こと、換言すれば慾望の種類と量とが個人的にも社會的にも民族的にも國家的にも増大發展することが、實に人類生活の推進力となつてゐるのだ。

だから「上みれば及ばぬことの限りなし、笠きてくらせおのが心に。」といふ心學家の道歌は封建的であつて、今日世界をあげて進歩の世の中には通用せぬといふことになるのだが、しかも「人生」そのものはいくら進歩しても絶對に物だけの世界でなくて、心の、つまり慾望の世界であるから、さうしてこの慾望はそれ自體は無限大に擴がるものであるから、どうしても分母そのものを制約しなければ、心の主たる「人間」はやすまるときがないことになる。

こゝで心學道話や聖人の教をくり返さうといふのではないし、また進歩の原動力、生存競爭の武器をにぶらせたり、否定したりしようといふのではないが、われ〳〵は即今あまりに分子のみを見て分母を忘れてはゐないかといふことを反省したいのだ。

とくに慾望があやまつてゐはしないか、眞に人生を幸福にし、ゆたかにし、健全にするのでなくて、その逆の慾望にかまけてゐることはないか、猛省を要することと思ふのだ。

たとへば健康増進のためには「榮養をとらねばならぬ。」とされてゐるが、その「榮養」の對象と、それに對する心構へについて反省すべきことはないか。

砂糖だ、卵だ、牛乳だ、牛肉だといふ西洋的榮養物については、われ〳〵東洋人は物の不足よりは、慾望の過剩といふことを猛省する要ありと思ふがどうか。（六，一二，九）

第五十章

經濟統制はその本質からいつて、結局は國民經濟の全部に及ばねばならぬものである。だから統制機構とその運營とが完成したあかつきにおいては、その國は一つの計畫經濟國家となるであらう。

從つて經濟統制の漸進的强化完成は、とりもなほさず、國民經濟の再編成であつて、經濟社會の根本的革新を、イヤでも應でも伴ふのである。

ひところ左翼理論家は「資本主義國家の計畫經濟」の矛盾を指摘したり、「統制經濟」の無能をやじつたりしたのであるが、それは一方では「統制」の初期の現象や、效果だけを見てのうすつぺらな、近眼的批判であると共に、彼等が理想とした社會革命による國民經濟の新出發は、始からすべてが計畫的に合理的に運營されるものだといふ、單純な理論といふよりも信仰をもつてゐたことを示すものだ。

實際においては、人間社會はさう簡單な公式的理論のとほりにうごくものでなくて、「革命」

をやつても、人間の意識や社會の組織、ことにその全體的活動がすぐに合目的になるものでなく、單に一度こはした社會秩序が、久しい間混亂から恢復せぬ許りでなく、一應の秩序と組織とができても、それが完成し、うまく活動するにいたるのは、なまやさしい努力や、短い時間では不可能なことなのはソ聯にその生きた證據がある。

さうして「統制」が高度に進んだ國、たとへばドイツとソ聯とは、その出發點を異にするのみならず、その根本指導原理が、氷炭相容れぬとされてゐるにかゝはらず、その經濟體制の外形及び運營が、なんと益々近似しつゝあるではないか。

これはソ聯が後退（？）しつゝあるのと、ドイツの統制――國民經濟再編成が進展していつた結果であるといはれるかも知れぬが、要は人間の社會生活・團體生活・國家生活の本質的要求が、その環境や、傳統や、各種の條件の差異によつて、進展の過程、コースの差は當然ながら、いはゆる「目下高嶺の月を見る。」ことを必至とすることを示すものと考ふべきだ。

マルキシスト達はその師匠のいつたことを金科玉條とし、その兄弟子たちの行つたところを唯一絕對の正道と信じたのだが、それが理論的にも實際的にも誤つてゐたことは、今日の世界が極めて明かに示してゐる。

人間社會の理想とそれを達成する組織の本質とは、究極においては、どの國においてもさうひどく異るものではない。

但しその究極的理想體制實現の方法と過程と現實の姿とは歴史・經濟の各種條件の異るに伴ひ千差萬別だ。

マルキシストの側の狂信的誤謬は今日清算されたが、一方においては從來の資本主義的現狀維持思想は、まだ〳〵根强いものがある。

現に今日の「統制」は非常時局の故であつて、この時局さへすめば、またもとにもどるものだといふ考は、今日の經濟人、とくに資本家達の間に通有だといつてさしつかへあるまい。「早く支那事變が終ればよい。」「事變處理に邁進」する阿部內閣はこの故に大いに支持するといつた氣持を大部分の人々はもつてゐるのだ。

事變處理は急務であるが、それは統制經濟を廢して以前の「自由」時代にかへすためでもないし、またかへせるものでもないのだ。

當面の戰爭狀態の終熄は單に東亞新秩序の序幕にすぎない。

新秩序のほんとの建設はこれから始るのだ。

従つて統制の完備は事變處理後においてこそ、さらに本格的に要請されるのだ。日本では「統制」關係法令が出つくしたといはれるが、まだその運營機構は殆ど舊態を持してゐるし、殊に指導者達の意識はもとのまゝであり、自らなしつゝあることの意味の自覺と將來への見透しがほとんど缺けてゐるやうに思はれる。（六，一二，一〇）

第五十一章

この兩三年來、つまり產業五ケ年計畫着手この方、勞働力の不足が感じられ、特に北邊振興工作が始められてからは、一層痛感せられるに至つたことは周知の通りである。

そこで大東公司と勞工協會との統合も行はれ、勞力動員の機構が强化され、山東・河北等の北支からの苦力輸入にも格段の力を用ひると共に、國內勞働者の動員にも馬力をかけられるにいたつたが、生產力擴充その他の建設工作が進むにつれて、益々勞力不足は急をつげるにいたつた。

その結果の一つは、勞賃の暴騰となつてあらはれ、農繁期における農業勞働者の賃銀は、三圓から四圓にも達したことがある。

元來滿洲の經濟的强味の一つは、勞力が安いといふことにあつたのだ。

その能率に比べて果して眞に經濟的であるかどうかについては、仕事の種類により議論もあらうが、一般の單なる筋肉勞働については、機械力を用ひるよりは安價な勞働力を用ふるを可とし、また便としたこと疑ひをいれない。

一日三十錢から五、六十錢までの賃銀を普通とした時代には、滿洲はたしかに經濟上の强味をもつてゐた。

しかるに能率に何等の向上がないのに、また生產物の對外價値にいちじるしい昂騰もないのに、國內における勞賃が、從前に比し數倍に暴騰したといふことは何としてもゆゝしい問題である。

ところがこの勞働力不足・勞賃昂騰といふことは單に經濟問題にとゞまらず、これに附隨する現象が政治上——特に東亞新秩序建設上にすくなからぬ影響を與へることをおもはねばならぬ。

一例をあげよう。

北邊某地區における公定賃銀は一圓七十錢だが、實際には二圓乃至三圓となつてゐる。これだけの勞賃を得れば苦力たちは眞に滿足する筈であるが、實は甚だしく不平であり不滿であるといふ。何故か？

理由は簡單だ、この二圓乃至三圓と支拂はれる賃銀が、そのまゝ彼等の手にはいらずに、中間搾取が行はれるからだ。

中間搾取者は普通、工頭・大苦力頭・小苦力頭の三段階になつて居る。

搾取の方法はまづ第一に衣食用品の取次だ。

たとへば一袋七圓の小麥粉は、工頭が一圓とつて八圓で大苦力頭に賣る、大苦力頭がまた一圓とつて九圓で小苦力頭に賣り、小苦力頭は五十錢の手數料（？）をとつて、苦力は結局七圓のものを九圓五十錢で買はされる。

衣類についても同樣だ。

旅費の立替も大きな搾取組織であつて、周旋人等は船車賃等を立替へておいて、月利二割で年末に苦力歸國の際差引くのだ。

その他バクチの開帳をやつて、無智でバクチ好きな苦力達をさん〴〵に搾つてはだかにしてしまふ手も用ひられてゐる。

かくて海山何百里、はるかに山東から出稼ぎに來て、一季節働いた苦力たちは、いざ歸國といふときに及んで、故郷にまちかまへてゐる一族への何よりのみやげのお金が全く手にのこらぬか、極めてすくないといふことになる。

故郷の山東では年工の勞賃が食事つきではあるが二十圓位だといふから、滿洲では手取り一日一圓はおろか、六、七十錢になつても大喜びのはずだが、事實は不平不滿にたへない有樣なんだ。

あの支那事變の初期に關東州や奉天省・錦州省あたりから馬もろともに徵發された農民たちが、その高くて正確な支拂に滿悅し、その結果北支大衆に傳へた樂土滿洲の印象の大きかつたことを思ふにつけ、山東苦力の歸國後の宣傳力がどんなものかを案ぜずには居られない。

來年から勞務司が新設されるといふことだが、勞務行政の當局は、勞務動員とか、勞働力調整の仕事にあたつて、上述のやうな問題にも常に頭をつかつて善處してもらひたいものである。

（六，一二，一一）

第五十二章

「砂糖の消費量は文明の尺度なり。」といふ様な說を爲すものがあるが、果してそれは眞理だらうか。

おそらく、これは世界各國の砂糖消費量の統計を、その表面の數字だけを見て、それとそれらの國々の文明程度に關する常識とを結びつけた、製糖會社の宣傳廣告だらう。

いま、主要各國の砂糖消費量を、その人口一人當り年額（キログラム）についてみると、一九三六年にはスエーデンが四三・八、イギリスが四三・七、アメリカ合衆國が四二・八、カナダが四〇・四、スイスが三三・六、ベルギーが二六・一、フランスが二三・五、ドイツが二二・五、イタリーが七・〇となつてゐる。（一九三八年ドイツ統計年鑑による。）

なほ砂糖年鑑によると、昭和九、十年において、日本が一一・三、オランダが三六・四、キユーバが三七・九、英領印度九・一、ソ聯八・〇、ジヤヴ七・五となつてゐる。

ドイツの砂糖消費量がオランダやキユーバより少いからといつて、その文明がこれらの國より後れてゐるなどと思ふものはあるまいし、イタリーの文明がジャワと同程度だとは誰も考へないだらうけれども、日本人の多くはイギリスやアメリカの砂糖消費量が多いのを見て、てつきり砂糖消費量は文明のバロメーターだなどと思ひこまないものでもない。

あるひは論者あつて、砂糖消費量が文明の進歩と比例することは、さういふ横の比較でなく、歴史的年代によつて逐年増加率を見るべきだといふかも知れぬ。

なるほど、たいていの國では最近十年間においても、一人當砂糖消費量が増加してゐるし、一般に、むかしにくらべれば人類の砂糖消費量はずつと増加してきてゐるが、さればといつて、砂糖を多く消費することが文明進歩のシムボルであり、人類の幸福を増進するものだとはいへないだらう。

現に最近十年餘りの間に砂糖消費量の減少した國を擧げれば、アメリカは一九二六年に四七・七キログラムだつたのが一九三六年には四二・八となつて居り、オランダは一九二五年に二七・三だつたのが一九三六年には二五・五、オーストリヤは同じく二三・六だつたのが二一・九となつてゐる。

ところが、これらの國々で、この十年間文明が低下したとはいへないだらう。

もつとも生活程度の向上と、砂糖消費量との關係は認めざるを得ないが、われ〳〵東洋人、とくに日本人が、主要食物を異にする西洋諸國と同樣に、砂糖消費量を多くすることが、文明的に彼等に雁行し、もしくは追ひぬくことだなどと考へることの危險さを警戒しなければならんのだ。

同樣の危險なる誤解は獸肉消費量についてもある樣である。

牛肉・豚肉・羊肉の一九三六年における各國一人當消費量（キログラム）はイギリス三六・六、イタリー一六・一、スヰス四五・八、アメリカ五七・五、ベルギー（一九三五年馬肉一・八を含む）四一・二、デンマルク五六・三、ドイツ四三・六となつてゐるが、これらはそれ〴〵の國における農業生産關係または特殊な經濟事情がしからしめたもので、獸肉を多く食ふからその國民の民度が高いとか、體力が強く健康が勝れてゐるとかといふやうなことはない。

一般に獸肉を多く食ふ國は砂糖を多く消費するやうであるが、その相關關係についてのりくつは別とし、とにかくわれ〳〵の如く穀食を主とする人種にとつては、砂糖をとりすぎることが有害なことは、明治中期以前には極めて低率だつた學童の齲齒が、今日九〇％以上に達してゐるといふ一事だけでも明かだ。

昨今内地で砂糖が不足してゐるといふことは、國民保健上もつけの幸だが、この機會にもつと砂糖の害を自覺させたいものだ。
さうして動物性蛋白質――牛肉等に對する直譯的迷信をも打破することは、經濟問題であるより、むしろ國民保健上の重大問題だと思ふ。（六，一二，一二）

第五十三章

東亞新秩序建設の經濟的・方法的基礎は何といつても日本の重工業の自主的發展でなければならない。

つまりすくなくとも、日本の鐵工業が對外依存を清算して、かつ飛躍的發展をとげるのでなければ、善隣友交をやつても、經濟提携に際して、結局ヨーロッパやアメリカの資本と資材とを入れることとなり、それはやがて東亞をユダヤ財閥の藥籠中のものにすることになるのだ。

しかるに現在の日本の鐵國策の現狀はどうか。

日本內地には鐵鑛石の資源ほとんど見るべきものなく、大部分の鑛石は南洋及び支那・滿洲に仰いでゐるのだ。

さうしていはゆるアウトサイダーの平爐製鋼用として、屑鐵をアメリカから百數十萬トンも輸入してゐるのだ。

日本の製鋼能力六百萬トンといつても、その原料は殆ど全く對外依存である。

製鐵用石炭さへも滿洲に依存するところが益々大とならざるを得ぬ實情だ。

日本が東亞新秩序建設を指導するためには勿論のこと、現在の東亞安定勢力を維持するためにも、その鐵鋼消費量はすくなくともさしむき一千萬トン位を不可缺とするだらう。ところが、現狀においては、七百五十萬トンの鋼材需要にすら應じきれないので、到るところに鐵飢饉が叫ばれてゐるのだ。

さうしてそれは原料の對外依存――南洋鐵鑛石の輸入增加は船腹關係から急には實現し得ないし、アメリカからのスクラップは增加どころか、現在の百六、七十萬トンを維持することさへ將來見込うすとされること――に基因するのだ。

そこでわが滿洲國の製鐵業が當然にその重要性をいやましてくるわけだ。

勿論滿洲は日本に對して鑛石も石炭も銑も供給することに、決してやぶさかであつてはならない。

しかしながら、それはせいぐ\内地既設の製鋼能力を動かすためであつて、今後の增產は滿洲において日滿一體經濟の原則のもとに、鑛石も石炭も賦存する現地において、生產すべきことはいふまでもない。

「日鐵」と「昭和」の間に製鐵上の競争關係などがあるとしたら、大陸日本の國策を害するものといはねばならぬ。

とにかく滿洲國の製鐵業の飛躍的發展は東亞新秩序建設の基本たるものだ。

それ故にこそ、産業開發五ケ年計畫においても最大の重點をおかれてゐるわけだ。

ところが、五ケ年計畫着手の年において支那事變が勃發して、それの國際政情への反響は、外資とくにアメリカ資本並に資材の導入を絶望ならしめ、さらに今年になつてヨーロッパ戰爭の再發にあつて、ドイツ機材の入手難となり、五ケ年計畫全般に一大支障をきたすにいたつたのだ。

これは五ケ年計畫擔當者のエクスキューズだといふものもあるけれども、それは酷評であつて、事實非常な困難を生じたことは爭はれない。

しからばわれらは、いはゆる「沒法子」でぽかんとして、もしくは右往左往あわてふためいてゐてよいのか。

「轉禍爲福」といふ諺がある。

進歩的・發展的な人間は、いはゆる轉んでも唯は起きないものだ。

大陸日本建設を擔當し、くにつくりをやりつゝあるわれらはこの際猛省一番、更に工夫努力すべきだ。

外資や外國機材が來ないといふなら、よろしい！　國內で調辨創製しようではないか。しかもそれは單なる意氣込の時代ではなくて、すでに製鐵に關する革命的發明が、工場試驗の域を脫して企業化せんとしてゐるのだ。

それは大連の上島慶篤氏の直接製鋼爐――鑛鋼一貫作業だ。これはプロセスにおいて獨得なるのみならず、外國機材を少しも必要とせず、從つて全然外資を要しないのだ。

くはしくはその道の專門家にまかせるとして、われ〳〵は產業當局が形式（統制法とその機構）にとらはれず行きがかりや面子にこだはらずに、百尺竿頭一步を進めて、この非常時に胸のすくやうな英斷に出でんことを切望する。（六，一二，一三）

第五十四章

二十ケ年百萬戸五百萬人といふ目標の下に、日滿兩國の國策として實行されつゝある日本內地人の滿洲移住は、いはゆる開拓民として日滿兩國の一體不可分關係を血をもつて强化する、いはゞ建國の人柱だといふ認識は、開拓政策遂行の指導原理の基本である。

しかし、この開拓民の根本的使命は、實はまだ〳〵充分に理解されてゐないのみならず、その實踐はまことに至難、このまゝでは折角の國策も、徒らに掛聲と經費倒れに終るだけならまだしものこと、あたら貴い天皇のおほみたからを、大陸の曠野にすてるやうなことになりはせぬかと案じられるふしがあるのである。

開拓民の根本使命の認識が日本內地でまだ充分でないといふ證據は、いろ〳〵な機會にうかがはれる。

さき頃某縣知事は、事變以來の勞力不足にあわてて、「この上滿洲へ開拓民をおくることは不可能だ、縣民は一切應募してはならぬ。」といつたと傳へられたが、これと同樣のことは、つひ先年まで農村の疲弊窮乏に惱んで「振興會社」まで作つた東北地方の代議士たちが、近頃叫んでゐるところである。

ところが、このごろの內地產業の繁忙といつても、主として軍需工業、いはゆる殷賑產業の方面に、勞力の急需が起つてきたことに驚いた人口論者なども「人口問題の再檢討」だなどといつて、かういふ時勢では無理やりに滿洲移民を奬勵强行するのはどんなものかなどと、とぼけた議論をする有樣だ。

日本民族の運命も、使命も全く考へず、行きあたりばつたりで、「大陸日本」の建設とか、日滿不可分關係の現實的强化とかいふやうなことはてんで分つてゐないのだ。

かういふ有樣では、やつとはじまつた許りの開拓民移住の大事業の前途も、まことに多難なるを思はざるを得ない。

開拓關係の當局は何よりもまづ、この開拓民の建國的使命・日本的使命の認識の普及徹底に努めねばなるまい。

日本農村問題の解決、人口問題の緩和といふやうなことを、滿洲開拓民の根本動機であると考へるやうな謬れる思想をまづ淸算せしめねばならない。

ハワイやカリフォルニャ乃至ブラジル移民と滿洲開拓民とを、同一使命を有つものと考へることがそも〳〵根本的な誤なのだ。

アメリカやブラジルに行くいはゆる移民諸君は、或は單なる生活問題を「海外發展」といふ景氣のよい掛け聲に元氣づけられてゐるのかも知れぬが、若し一時の出稼ぎでないとしたら、その當人もいはゆる第二世も、人種的・自然的關係以外には日本とは緣のきれたアメリカ市民やブラジル市民になつてしまふのだ。

しかるにわが滿洲開拓民は、日本帝國臣民がそのまゝ滿洲國の構成分子として、建國の基礎的要素として、兩國の不可分一體のくさびとなるのがその本質なのだ。

「大陸日本」のくにつくりの選士たるものが開拓民なのだ。

その大陸移民の結果として鄕村の土地に餘裕を生じたり、あるひは勞力の減少をきたしたりするのは勿論だが、それはあくまでも結果であつて目的ではないのだ。

極言するなら、內地農村人口が減少しても、勞力が缺乏しても、大陸日本建設のためには、どん〳〵と國をからにするまでも開拓民を送るべきなのだ。

時局產業の勞働需要が增したぐらゐのことで、いまさら人口問題の再檢討などとあげつらふのは、依然たる資本主義・自由主義の徒輩の利己的近眼的謬論であるけれども、かゝる謬論がむしろ常識に迎へられ易い日本の現状を忘れてはならない。

しかしこの開拓民の使命の認識と共に、それ以上大切なことは、開拓民自體の生活の指導であり、大陸生活の建設輔導である。（六，一二，一四）

第五十五章

「胡は永くして百年。」とは支那事變勃發當時支那の一哲學者が、その同志たちを慰めたことばだといふ。

いふ心は「百年たてばもとの通りになる。」古來支那は常に北方野蠻人に劫掠せられたけれども、何時のまにか、侵略者・征服者たる北方野蠻人が支那文化の中にとけ込んで、民族的・文化的に徐々に漢人に同化されてしまひ、つひにその政治的・軍事的支配權も亡んでしまふ、それが永く續いて百年だ。だからいま、日本人が侵入して來ても、一時的のことだ、しばらく辛抱しよう、といふにある。この考へ方、この史觀は、いふといはぬとを問はず、支那・滿洲の知識層の心中深く藏してゐるところだと想像して誤ないと思ふ。

さうしてそれは過去の歷史に關する限り正にその通りである。

近世史だけを見ても、あの盛なりし蒙古人の國、元は七十年にして亡び、また滿洲人の淸朝も二百餘年にして倒れた。

しかしこの歴史上の事實を見て、今日の滿洲國や、支那事變後の東亞新秩序建設の努力の將來をトすることは根本的に誤つてゐる。

第一に、滿洲建國や支那事變は、蒙古人や、滿洲人が漢人の天下をうばつた如き侵略や征服ではないのだ。

民族的利己主義や、英雄的支配慾は、滿洲事變・支那事變の原動力でも指導精神でもないので、滿洲建國・東亞新秩序建設は日本國及び日本民族が、東洋人の選手として、東洋人の自主權恢復、新東洋文化建設のために、東洋諸民族を率ゐて立つための具體的努力なのだ。

侵略でなく、征服でなく、從つて支配でもない。

建設であり、指導であり、協和である。

この根本指導原理が、古來の歴史に見ゆる漢民族と北狄との間に行はれた闘爭とは本質的に異るといふことを、漢人の知識層達に徹底的に知らしめねばならぬ。

次に歴史社會學的にかんじんなことは、漢民族が從來戰爭に敗けて文化で勝つた北方人は、例外なく、すべて漢民族よりも文化の遲れた、單に武力のみに勝れた野蠻人であつたといふことだ。

「野蠻は文明に曝されると何時でも降參する。」北方野蠻人たちが戰爭で勝つて天下をとつてもいつのまにか皆支那文明に同化されてしまつたのは當然の文化現象だ。

然るに今日の日本人は、當時の蒙古人や滿洲人と漢人との差異どころでなく、一般漢人に比して高い文明をもつてゐるのだ。東西の文明を綜合同化した、獨得の日本文明をもち、しかも强力なる武力をもつてゐるのだ。

さうしてこの文武兼備の力を國家的・民族的利己主義のために用ひるのではなくて、東洋人のため、人類のために發揮しつゝあるのだ。

事變最中において「胡は永くして百年。」といふ慰めの言を發した支那文人の心持は一應理解できるけれども、彼等がこの事變の文化史的意義を徹底的に理解することは、事變處理上の思想的基礎であると思ふ。

と同時に、これは日本國及び日本人にも十二分の反省と自覺とを要することだ。

日本國及び日本人の實力と運命とは、何等の不安もいらぬものであるけれども、「胡は永くして百年。」といふ史實は、われらのために一つの警戒燈たる意義をもつてゐることを思はねばならぬ。

「胡」は何故亡んだか？　それは單に文化的に同化され吸收されただけか？　民族生物學的に、北方人が去勢されたやうなことはなかつたか？　さうして民族生物學的退化は支那文化的貧澤生活に原因してはゐなかつたか？

今日の大陸日本人に最も警戒を要することは、その生活態度が享樂的になり、惰弱になることである。

なかんづく食生活が貧澤になり、性生活が放肆になることである。

大陸日本人は簡素なる日本的食生活の醍醐味に徹すると共に、日本人的淡白清淨なる性生活の嚴律を守ることを肝要とする。（六，一二，一七）

第五十六章

卽今開拓國策として重點をおかれてゐるのは、一方では入植地獲得確保、つまり土地の買收であり、他方では集團開拓民の入植及び靑少年義勇隊の導入である。

土地買收は二千萬ヘクタールといふ目標に向つてまつしぐらに突進し、今やほゞその目的を達しつゝあると傳へられる。

開拓團入植は豫定計畫に達しないやうではあるけれども、各種の困難にもかゝはらず、可なりの量的成功を擧げたもので、關係者の努力はこれを多とせねばなるまい。

しかし眞に開拓民の使命を思ふとき、どうしても關係當局に向つて猛省を促し、速に善處を要請せずに居れないのは、入植開拓民の生活指導についてだ。

充分の調査や準備のないところへ、とにかく移住せしめたといふことから生じたいろ〳〵な支障や困難のことはいまさらとり上げない。

肝要なことは、開拓民の使命と、人間生活の本質とにもとづいた、人生觀・心構へ・生活態度といふものを、親切に、ほんたうに「大地に足をつけて。」指導してもらひたいのだ。

かつて内原の訓練所を參觀した筆者は、たま〳〵晝食時で、訓練生の食事をごちそうになり、食器を洗ひに立つたとき、その流しの傍の四斗樽に、ちやうどその日のおかずのメザシの首尾完全なのが一ぱいに棄ててあり、サツマイモの煮ころがしが同じく四斗樽に一ぱい以上もすててあるのを見て、それこそ文字通り愕然としたのであつた。

後で訓練所の指導員の一人に、「青少年義勇隊の團體行動訓練も大切だけれども、一番大事なことは生活訓練であり、生活訓練の中心は天地のめぐみたる食物を大切にすることだ。農民の子で將來自ら土に生きる使命をもつ青少年が、こんなに食物をそまつにするとは恐ろしいことだ。どうか彼等に食物のもつたいなさ、あり難さを教へてもらひたい。」と直言したところ、多少辯解がましい言もあつたが、それでもすなほに聞いてくれたのであつた。

滿洲國內の訓練所はまだ一ケ所も見てゐないけれども、いろ〳〵な人々の視察談を聞くと、どうも溫い人間生活の指導が足りないのではないかと思はれる。

ある藝術運動をしてゐる人の話では、「青少年義勇隊の人々には殆どうるほひがない、心のゆとりがない、土に生き、生を樂しむことを敎へられてゐない、このまゝでは恐るべき殺伐な人間ができるだらう。」といふことであつた。

また他の人は實際生活の指導が全く缺如してゐることを指摘して、つぎの如くいつてゐる。「開拓民の使命は重く意氣や壯なりといへども、其の生活狀態は誠に看るにしのびざるものがある。

現に醫師のをるのは、八十九團のうち三十九團にすぎず、それがためある團の如きは、四十名の先遣隊が入植後半年にしてすでに三名を病魔のために失ひ、またすでに完成の域に達し病院まである團でも、百五十人の出生に對し三十人の幼兒死亡がある。

これは主として團員の衞生榮養に關する無關心に因るものの樣であるが、これに對し何等の指導が行はれてゐないのは見逃すべからざる缺陷である。」

なほ聞くところによれば、開拓民たちは山林を伐採するばかりで、殆んど植樹といふことをしないやうだが、もしそれが事實だとしたらゆゝしいことだ。

日本精神の神髓は發展であり、それは自然の化育に參畫することである。

自然搾取から自然化育の翼賛へといふことが建國の基本動向であるとともに開拓民の使命であり、また實に眞に人間の生きる道なのだ。

開拓民、とくに青少年として眞に生きる道を學ばしめよ、正しき永遠の生命建設の指導こそ開拓國策の基調でなければならぬ。（六、一二、一八）

第五十七章

日滿間における官吏の交流、待遇の一元化が、各省次官會議において、原對滿事務局次長によつて提案されたといふ。

傳へられるところによると、現に滿洲國に勤務中の內地官廳育ちの日系官吏が內地へ歸還する場合、現行制度では、勤續年數の通算がないので、任用上の困難があり、從つてその交流が圓滑に行はれないから、「外國」たる滿洲國における勤務をも、日本國官廳における勤務と同樣に通算することに、文官令に改正を加へよう。

さらに全く滿洲國の官廳で育つた日系官吏の日本國官廳勤務についても、適當な途を開くべきだといふので、法制局で硏究することになつた由である。

この日滿官吏の交流の問題は、實は今日に起つたことではないので、建國後、滿洲國の健全急速な育成のため、經驗ある有能の人材を招致するためにも、何とか、圓滑なる人事交流の途を講ずべきだといふ議論はあつたのだ。

殊に日滿不可分一體を現實の政治に反映せしめるためには、どうしても日本の中央官廳との間に人的に密接な關係をもたせる必要があるので、實際上可なりの人事交流が行はれつゝあるのだが、そのために當事者たる者は、いはゞ日本の文官令のために一種の犧牲(?)になるので、その間に圓滑を缺き、または思ふ樣な人事を行ひ得ないうらみもあるのだ。

さうしてこの人事制度上の障碍は、一つは日本における法制論——結局は國家論乃至日滿關係の法律的理解に因ると共に、他面は滿洲國側の立場からも、一方においてその必要性を認めつゝ、必ずしもひたむきにそれを主張しないといふ事情もあつたのだ。

しかし、これはいはゆる招聘官吏だけを念頭においたからであつて、一般的に滿洲國の日系官吏が、制度上日本國の官吏になり得るといふ途が開けるならば、大分にその趣は異つてくると思ふ。

ところが一言しておきたいのは日滿間官吏の交流といふことを、單に滿洲國に有能な日系官吏を招致したり、日滿間の不可分一體的行政を圓滿に遂行するためといふことだけで理由づけるといふのでは、はなはだ不充分だといふことだ。

むしろ日滿間官吏の交流といふことは、卽今ならびに將來の日本の行政が、從來の如く日本のみを考へてゐるのでは足りないので、常に滿洲國、更に進んで蒙古自治國などを一環の政治圈として、東亞全體の綜合的見地によつて、運營されねばならぬこと、それには日本の官吏たるものは滿洲國官吏としての體驗を必要とするといふところに主要なる理由をおくべきだとおもふ。

口には東亞の新秩序だ、日滿一體だなどといつてゐるけれども、東亞大陸に足一歩もふみこんだことのないやうな連中では、單なる口頭禪にしかすぎないことが多いのだ。

またこのごろは「民族」の問題を盛に論じてゐるけれども、異民族の中に立つて自ら責任をもつて、民族統治とか、民族協和とかを實踐體驗したのでなくては、要するに理論にすぎないのだ。

民族鬪爭をやめて民族協和を目標とするといふことは一體どんなことか。

民族協和と民族競爭とはどういふ關係にあるのか。

民族生物學といふものはいかなることか、指導民族の生活態度を如何にすべきかといふやうなことは、異民族の眞只中に立たなければわかることではないのだ。

これからの日本國は全く從來の島帝國でなくて、東亞の日本であり、大陸の日本なのだ。

日本の指導的官吏はどうしても自ら大陸における體驗をもつ必要がある。大陸において責任の地位に立つた經驗のない者は、日本政府の重要な地位を負擔する資格はないといつても過言ではないのだ。

日滿官吏の交流は滿洲國のためよりも日本國のためだといふ認識の下に、折角徹底した文官制度の改正を熱望してやまない。（六，一二，一九）

第五十八章

日本內地の米穀問題は、その表面にあらはれてゐる以上に深刻なものがあるらしい。

しかし、考へてみるとこれは實に不思議なことだといはねばならぬ。

何故といつて、西部日本の旱害や、南鮮の旱害が未曾有のものであつたことは事實としても、六千五百萬石もの新穀の收穫があつたことも事實であり、それも漸く收穫したばかりのところで、米穀年度開始早々そんなに騷がれるといふことは、來年の端境期を懸念してといへばいへるけれども、それにはまだ充分對策を講ずる餘裕もある筈なのだ。

それが如何にも急迫をつげて、直ちに米の切符制度まで行はうといふのは、一體どういふことか。

將來の危急に備へて今から國民の訓練をやるといふのかと思ふと、それほどの根本的態勢ではなくして、まづさしむきの對策として必要だといふにあるらしいが、さうだとすればこれは要するに、目先の米穀出廻りが不圓滑で、農家か、地主かの手には米があるが、それが市場に出廻らず、消費者の手に渡らぬといふことが卽今の實情らしい。

そんなら、なぜ六千何百萬石もの米が、こんなに出廻らぬかといへば、政府當局の對策が不充分または不適當だつたといふことも大きな原因に違ひない。

三十八圓の公定相場は、斷じて値上げせぬといつておいて、正直な農民が手離した頃に、一擧五圓といふ大幅な値上げを斷行して、十五米穀年度は、四十三圓で据置くと聲明したのだから、今後またどうなるかわからぬといふ不信が根本をなして、いくら强制買上げなどといつても、なか〳〵農民がいふことをきかぬといふのも無理はないのだ。

そこで矢野富山縣知事の如きは、萬一公定米價の引上げがあつたら、その差額は補償するから、この際現行米價で賣却するやうにといふことを、縣下農民に慫慂してゐるといふ。

これは思ひきつた聲明であるとともに、反面政府の不信用が農民にどの位徹してゐるかといふことの生きた證據だ。

大體今日のやうな時局に、一番大切なことは、國民一般が政府を信頼するといふことだ。

內地人口七千餘萬人に對して六千五百萬石の新穀があり、臺灣からの移入も相當あり、更に大旱害によつて一千萬石の減收（最近平年度收穫二千三、四百萬石。）を見た朝鮮からさへも十五米穀年度に百五十萬石も送るといつてゐるのだ。

今日唯今米の問題でさう騷ぎ立てる理由がないのに、國民も爲政者もバタ／＼せねばならぬといふのは、要するに國民が政府當局を信賴しないといふことが最大の原因ではないか。

近い例を朝鮮に見よ。

八十年來の大旱害で、米の收穫が殆ど半減してゐるにもかゝはらず、半島の人心はチヤンと安定してゐるではないか。

それは一に半島民が總督府の政治を信賴してゐるからだ。

さうしてこの信賴の基礎はもとより當局の誠意と適當なる措置とであるが、今一つは、島民の動員組織・國民組織の機構とその運用とにあるやうだ。

卽ち國民精神總動員朝鮮聯盟の基本的下部構造たる「愛國班」（十戶位を一班とする）といふものが、半島內くまなく行きわたつて居り、それの運用がうまくいつてゐることが、今日の朝鮮の大きな强味になつてゐるやうである。

內地の如き人的要素と歷史とをもつてして、「精動」の如きが一向に實際的效果を擧げないのは、いつたいどうしたことか。

政黨の地盤がジヤマになるといふ說もある。

自由主義的諸團體を基礎としての聯盟だから足なみがそろはぬともいふ。

しかし、卽今はそも〱如何なる時であるか？

そんなお座なりの口實などいつてゐるときであるかどうか。

要は責任ある指導者が、一路勇往邁進しないといふことが一切の病根だ。

今日にくまれものになるのをきらつて、八方美人的なことを考へるやうなら、斷じて指導者たる資格はないのだ。

眞に國士的指導者出でよ、しからば單に米の問題のみならず一切の困難は解消せむ。

（六、一二、二〇）

第五十九章

日本内地における米の問題は前にも書いたやうに、理論や常識判斷でげせないほどに急迫をつげてゐたらしいが、それも最近百方手當をした結果、ひとまづ不安解消を傳へられるのは當然のこととはいへ、大いに喜ぶべきことである。

しかし、この際いつておきたいことが二つある。

その一はいふまでもなく、日本の食糧問題の根本たる米穀政策だ。

神代のむかしから、瑞穂の國として、米作に惠まれてきた日本ではあるけれども、古來不作や飢饉がなかつたわけではない。

そこで爲政者は常にその對策を講じてきたので、いはゆる備荒貯蓄として、相當量の籾を蓄積してゐたことはあへて米穀行政の當局者でなくても知つてゐるところ。

さらに、たとへ農業技術の進歩と交通の發達とによつて、不作凶作の克服と、移輸入米の手當とで、昔のやうな飢饉狀態は絕對に防止し得るとしても、とにかく現代における日本人口の増加大勢では、國內產米だけでは不足なこと、この十數年來の事實が最も雄辯に物語つてゐるのだ。

そこで、米穀政策の恒久的方針としては、絕えず非常時に備へる工夫を怠らぬことと、他面には、外地の產米について、最も彈力性をもたせ、いかなる場合にも、あわてぬだけの力を、手近な身內に貯へさせておくべきだ。

しかるに、日本が近年實際上とつてきた米穀政策は果してどうであつたか。

天惠に狎れ、平和にたよつて、ひたすらに、內地農村の貨幣經濟的擁護にのみうきみをやつし、單に非常時に對する直接的な備へを怠つたのみならず、主要產米外地たる朝鮮の產米增殖計畫に對しても、何の彼のと辭柄をまうけて、これを抑止する態度に出たものだ。

これは滿洲に對しても同樣であつて、滿洲國が各種理由によつて水田開發・米產增加を必要とすること明かなるにかゝはらず、日本の當局は、ともするとこれを抑へようとし、特に低廉なる滿洲米の內地流入を阻止することに萬遺憾なきを期したのだ。

それも滿洲の需要量の半分も生產し得ない狀況の時代においてのことだ。

轉ばぬ先きの杖といふことがあるが、まことに手廻しのよいことであつた。

この內地農村第一主義の利己的政策が、今日の經濟的・政治的、また米作についての自然的非常時の問題を著しく困難にしてゐる大きな原因だといふことを、農林當局は猛省する必要がある。

最近米の問題をめぐる各種の會議では、ひとしく農林當局の怠慢もしくは失策を責める聲に充ちてゐるとかいふことだが、今日は過去の過誤を責めてゐるべきときではない。すみやかに應急策と共に恒久策を講ずべきだ。

さうしてその基本方針の一つは、食糧貯藏の方途を講ずると共に、外地農業に對する內地の利己主義を淸算して、眞に內地外地、日滿一體の食糧政策と計畫とを樹立しなければならない。

いま一つ云ひたいのは、この食糧非常時における國民指導の問題だ。

節米運動だ、七分搗强行だといつてゐることの消極性や迫力を缺いてゐることはしばらく別としても、あれほど逼迫を傳へられ、米の配給を切符制度にするなどといひながら、なほ白米食が料理屋などで公然おこなはれてゐるといふダラシなさは一體何としたことだ。

そこへゆくと朝鮮で、一切の消費者に對し七分搗米一斗を買ふ者には必ず三升の麥を買はせて、その混食を强制し、ある程度料理屋でもおこなはれてゐるのは、全く心强いことといはねばならぬ。

さらに一歩を進めて、內地も朝鮮も滿洲の日本人も白米よりは半搗米を、米飯よりも混食を單に米の節約とか代用食とかの經濟問題としてよりも、眞に健康の維持增進上、よいものだといふことを、早く理解し實踐するやうにしたいものだ。

食物の問題は決して單に經濟の問題ではなくて、實に民族生理學上の根本問題だといふことを忘れてはならない。

白米食は健康の敵である。(六，一二，二一)

第六十章

滿洲の强味といふか、好さは何であるか。傳統がなく、資本的・社會的因緣がすくなくて、何でも新しく創造ができるといふことは、理想的政治經營を行ひ得る素地であると共に、他面その社會が不安定であり、輕薄となる處があるので、長所は同時に短所とならぬとも限らない。

物的・經濟的方面における强味は何かといへば、第一に土地の廣いこと、土壤が肥えてゐること等の農業的條件のよいことおよび鑛產資源の豐富なことを擧げるのが常識だらう。

さうしていま一つの强味だつたことは、勞賃や俸給の低廉だつたことすなはち「人が安い。」ことであつた。

滿洲の農業的價値は、日本にとつては相對的にも絕對的にも、議論の餘地がないが、しかしこれをアメリカなどに比べては決して好條件とはいへないのだ。

氣候條件のことは別としても、その人口密度において、すでにアメリカの二倍以上になつてゐることを思へば、滿洲の農地の價値の限度といふものを知るにかたくはない。

鑛產資源にしたところが、規模極めて小さい日本內地に比べてのことであつて、アメリカやソ聯とならべては、ひどく見劣りのすることといふまでもないのだ。

もとよりかういつたとて、滿洲の經濟的・資源的な價値を輕しとするのではない。相對的にも世界における寶庫の一つといつて差しつかへなく、特に日本國にとつては、それこそ絕對的な生命泉たる價値があるのだ。

けれどもわれ〳〵の忘れてならぬことは、今日のブロック、封鎖の經濟關係が永續し、强化されるとしても、世界の他の地域や、他の團體生活者との間に、直接もしくは間接の競爭をまぬがれ得ないといふことだ。

だから自分の價値や實力を常に自覺してをる必要がある。ひとりよがりは禁物なのだ。

ところで滿洲の物的强味は、絕對的のものではないから、われ〳〵は何とかしてこれを百パーセント活用する工夫をしなければならない。

從來は滿洲に、一つの强味として、人間の安價さがあつたが、これはその勞賃や給料の表面の呼び値が低いほどに安かつたかどうかは、その能率や勤勉度からいつて、大いに疑問であるけれども、大觀してとにかく人が安かつたことは滿洲經營における强味の一つだつたことは爭へない。

しかるに今日はどうであるか。

能率や組織や勤勉度にさしたる改良進歩のあとありとも思へないのに、一般勞賃は從前の數倍から十倍に及び、サラリーマンはまた平均して何倍かの俸給を得てゐる。

一例をあげれば、日本内地では今日あれほどの人の不足をうつたへてゐるけれども、中等學校卒業生の初任給が四十圓臺になつたのは最近のことだし、專門學校出でも六十圓臺が普通なんだ。

かゝる勞賃や給料の急激な昂騰の原因は、一方では未曾有の活潑急激な滿洲社會の開發建設に伴ふ人の需要のためであり、他方では日本内地人進出に伴ふものだ。

日本人の給與が高いし、高くなければならぬから「民族協和」といふことから一般滿人の給與もそれに引きずられて高くなつたと見てよいだらう。

ところが能率の方はそれほど向上してゐないことはいふまでもない。

そこで滿洲は、物の側や通貨の面におけるインフレの他に、正に「人」の側において大きなインフレが起つてゐるのだ。

このまゝでよいことは斷じてない、速に對策を講じなければならぬ。

それはもとより多角的方法によらねばならぬが、最も肝要なことは「能率」の向上である。組織の合理化である。勤勉度の强化である。

政府も特種會社も、すべて「人間の能力」の最大効率を發揮する工夫を要する。

（六、一二、一三）

第六十一章

朝鮮では、さき頃の排英運動の際、單に演說會や、示威運動や、ビラ撒きなどの一時的のお祭り騷ぎではだめだといふので「英語」の排斥をやつたといふことだ。

その一つとして、專門學校以上の入學試驗科目から英語を廢止した。

これには大學や專門學校の側で、おそらく可なり强い反對があつたらうと思はれるが、とにかく斷行したことは、英斷といはねばなるまい。

しかしそれほどまでにやるならば、中等學校の英語科をうんと時間をへらすなり、隨意科にしてしまふのでなければ、徹底しない。

一種生徒だけは英語の時間がすくないといふのではまだ〳〵不徹底だらう。

いま一つは「ちまたから英語を追ひ出せ。」といふ運動をやつてゐる。

そのあらはれとして、專賣局で賣り出してゐるたばこの名前は全部日本語に改められた。

たとへば從來「ピジオン」といつてゐたのを「はと」とした如くだ。

この類のことをどん〳〵と推し進めていつて、スキイは雪すべりだ、スケートは氷すべり、アイロンはこて位はよかつたが、アイスクリームはさて何としたものか、滿洲ではこれを氷糕といつてゐるが、氷の生菓子でも困るしといふやうなことになつたらしい。

傑作（？）だとおもはれたのは、京城のまちをあるくと「電髮」といふかんばんが出てゐることだ。

何のことかと思つたら、パーマネントウエーヴなんだ。

滿洲ではパーマネントウェーヴのことを「電燙髮」といつてゐるさうだが、これとの關係の有無は知らないが、電髮とは隨分苦勞したものだ。

排英運動の本義を考へかつそのせんから花火的になるのをいましめて、英語の排斥に目をつけたのは一見識と思はれるけれども、そのやり方は、內地の山の中のカフェー・飲食店の入口に「イギリス人お斷り。」と貼り出したのと、あまり大した差異がないといはれても、しかたがいやうなところがありはしないか。

もちろん東洋が、とくに日本が、思想的・文化的に、あたかもイギリスの植民地であるかの如き姿となつてゐることは速に改めなければならぬし、その方法としてイギリス語の使用について反省を加へることは、決して無用ではないが、それにはもつと深く文化とか、生活とかを考へ、特に日本の發展、日本文化の進步といふことを思はねばならない。

早い話が、女の頭髮を波形うたせるといふ風俗をとり入れて、それをそのまゝにしておきながら、その名稱だけを「電髮」などと改めてみたところで、それは「頭かくして尻かくさ」ざる以上の滑稽ではないか。

問題は洋髮のウェーヴにあるのだ。

それが惡くない、もしくは禁止するに當らぬといふなら、何も外來の語だからとて、名稱だけを改める必要はあるまい。

マッチとか、ポンプとか、ペンとかまで何とかしたいなどといふことにでもなつたら、それこそ正氣の沙汰ではないといつてよからう。

元來日本語の特色でかつ强味は、外來語を何でもそのまゝ（？）とり入れて、何の不自由も不自然もなしに自己藥籠中のものとしてこなしてゆくところにあるのだ。

さうしてこの日本語の抱擁性が、日本文化の綜合性と無限の發展性の一つの基礎になつてゐることは爭はれぬところだと思ふ。

日本語と日本文化、さうして日本精神といふものは、生々發展、何でもとり入れつゝやがてそれを消化してゆくところにその强味があるのだ。

イギリス語だらうが、ドイツ語だらうが、支那語だらうが、その内容と共に平氣でとり入れてゆく偉大なる包容力と消化力とが、われら日本人・日本精神・日本文化の本質なることを忘れてはならない。

小兒病的な外來語排斥などはそれをつらぬき得るものでもなし、またそんなことをする必要はないのだ。

たゞしかういつたとて、イギリスの思想的植民地たるに甘んぜよといふのではない。自主的立場に立ちつゝよいもの、必要なものは何でも取つてもつてわが養ひとせよといふのである。

（六，一二，二四）

第六十二章

人物の採用試驗といふものは、その全體を通じて見ると、いろ〳〵のことがわかつて興味深いものであり、また考へさせられるものだ。

さき頃おこなはれたある採用試驗で、受驗した青年達に向つて「どんな人物を崇拜してゐるか?」ときいたところ、內地人は大部分楠正成公とか、西鄉隆盛とか答へたさうだ。

彼等內地人青年が、楠公や、南洲の傳記をどの位に讀み、その偉大さについてどの程度の理解をもつてゐるかは別とし、日本の二大偉人を崇拜するといふことはまことによいことだが、これは一面において、このごろの時局の影響であり、國體明徵運動の一つの成果だともかんがへられる。

同じ試驗で、半島人に向つてその崇拜する人物をきいたら、その殆んど全部がリンカーンだと答へたといふ。

朝鮮の學校では、國史を內地の學校と同樣に敎へてをり、楠公の誠忠や、南洲の至誠については、おそらく最も力を入れて說いてゐることと思ふが、さうしてこの兩三年來の朝鮮統治はとくに國體明徵・內鮮一體といふことに力をいれ、「皇國臣民の誓詞。」なるものを都會もゐなかも、老いも若きも、男も女も、學校でも家庭でも、となへさせてゐるのだが、青年知識層の心はまだ〳〵ほんたうの皇國臣民のありがたさを理解してゐないのではないか。

りくつやことばは充分に知つてゐるだらうが心の底までしみこんで、信仰となるといふところまではいつてゐないのだらう。

もちろん、さういふことが、たやすくできるとは思へないが、合邦後三十年、「一視同仁。」といふことで日本人としてあらゆる角度から治めまた教へてきたのに、右の青年たちが、一人として日本の偉人を崇敬せずして、アメリカ人を崇拜してゐたといふことは、深く考へさせられることではないか。

一つには、國史を教へ、偉人を語るにしても、誠忠無比の士、非常時型偉人、國體危期における眞日本人のほかに、平常時における生活型の偉人のことをよく教へることに、もつと力を入れるべきではないか。

二宮尊德翁とか、熊澤蕃山とか、大原幽學とか、人間として古今東西にひいでてゐるのみならず、われ〳〵の日常の生活を築きあげてゆく上の、手近な、しかも偉大な人生の指導者のことを教へることが肝要だと思ふ。

またこれはすこしうがつた、もしくは人のわるい考へ方かも知れないが、朝鮮人青年が特にリンカーンをえらぶのは、彼等が日本國民としての今日の地位をすなほに身の光榮としてうけとらず、被壓迫民族としての感情からかのクロンボ奴隷を解放したアメリカの偉人に心をひかれてゐるためではないかとも思はれるのだ。こゝに朝鮮統治の困難さがあるので、その局に當つてゐる人たちの苦心を察すると共にお互日本人として今後、諸民族と共に生き、これを指導してゆく上に、大いに心すべきことを暗示されるやうに思ふ。

ところで、考へさせられることは、滿洲では目下のところ、青年達の等しく仰ぐ樣な偉人がないといふことだ。もつとも、蒙古人はすぐジンギスカンといふかも知れぬが、たとひ彼が民族の英雄だつたとしても、それを崇拜しそれにあやかるといふことが蒙古人の現在及び將來のためであるとはいへない。

青少年にその尊敬崇拜する人物を教へるといふことも、たしかによいことである。また必要かも知れぬが、その歷史上の人物をえらぶにはよほど深い考慮をはらふ必要があるだらう。

いはゆる功名心にもえた利己的英雄は今日以後の世界ではさける方がよい。生活の指導者をえらぶべきだ。

とくにわが滿洲國では、ほんたうに自然と人とを愛しそだて、人生をゆたかにする努力をした人を、青少年の目標にするやうにつとめてほしいものである。(六，一二，二五)

第六十三章

朝鮮ではさき頃戸籍法の改正をやつて、朝鮮人の姓を日本的に變更し得ることになつたことは、世間周知の通りである。

すなはち昭和十四年一月から六月までの間に申告したものは、內地人流に改姓することを認めるといふのである。

そこでいま朝鮮ではどういふ姓にしたものだらうかと、改姓に苦心し、內地人たちに相談する者がすくなくないといふことだ。

氣の早いのは、すでに內地式の姓を用ひて手紙などを出してゐる者があり、その風潮は滿洲朝鮮人の仲間にも及んでゐるさうだ。

金といふのが金田とか金子とかに改め、權は權田とするといふやうな月並みのものから、あるひは全く新たな內地式の姓をつける者もあるだらう。

この朝鮮人の改姓といふことは從來は公式には認めてゐなかつたものを、今度は法令を發布して、これを許すことにしたわけである。

その意圖は勿論内鮮一體運動の促進であり、同化政策の强化手段である。

これをもつて、「内鮮融和の根本策」であり、「明朗なる民族史上の大事件で、邦家の將來に對してまことに慶祝にたへぬ。」とする人も多いと思ふが、同時に中にはあまり行きすぎぬやうにと心ひそかに考へる人もあるだらう。

とにかく總督府の英斷であることは間違ないし、また内鮮一體化の基本的方法の一たることは疑ない。

さうしてそれは改姓の途を開いたのみで、全く半島人の自由意思にまかせてあるので、何等これをすゝめたり、もしくは强制したりするものではないと思ふ。

ところが半島人の側になつてみると、近來の國體明徴・内鮮一體運動の一環として、この改姓問題が出たのであるから、この際改姓しないといふと、何だか政府の同化政策に贊成しない者と見られはしないかといふ懸念をもつやうなことはないだらうか？

現に傳へらるるところによれば、鮮内では官吏で改姓しない者は昇進がおくれるとか、地位があぶないとかいふ、まことにとんでもない噂が、チラホラ行はれてゐるとかいふことで、それが滿洲國の鮮系官吏にまでも聞えてゐるとかいふことだ。

「何を馬鹿なことを？」と一笑に附してしまへばそれまでだが、こんなつまらぬことが案外民心に大きな響を與へるものだといふことを忘れてはならぬ。

ある鮮系知識者の家庭で、この改姓の問題が話題にのぼつたとき、小學校に通つてゐる、自ら日本人なりと意識してゐるその家の子供は、はつきりと「今迄の姓のまゝで日本人たり得るではないか、何も改姓せんでも自分たちは日本人ではないか。」といつたといふ。

この少年の率直な信念は正しく貴いと思ふ。

改姓の途を開いたことはよろしい。

しかし改姓しないものは非日本的だとか、民族主義者だとかいふやうな感じをもつて鮮人に對することは絕對にさけなければならない。

向ふ六ケ月間にどの位の改姓申告があるかは色々な意味において、まことに興味深いものがあるけれども、その結果に對する評價や取扱は最も愼重を期してもらひたいものだ。

さうしてその心構への根本はおほらかな、すなほな愛でなければならぬ。

呉でも、劉でも、秦でも、そのまゝの姓で日本人だといふことはすでに今日多くの歸化日本人にその例を見るではないか。

眞の日本人は、姓とか血液とかではなくて、精神であり、意識である。われわれは日本人だといふ誇と祖國愛とが日本人の本質であつて、決して戸籍法上の手續や、文字の形式のみによつて、日本人たるものではない、といふ平明な事實の認識をすべての人々がもつことを必要とする。

とくに爲政者・指導者達はこの平凡な眞理を忘れないやうにしてもらひたいものだ。

（六、一二、二八）

第六十四章

紀元二千六百年の新春を迎へ、めでたくもまた有難きを思ふもの、願はくば一億四千萬民でありたい。

日滿一心、全國民が心からこの新年を、うれしく、感謝して迎へるやうにありたい。

滿支の前線における將士、その銃後留守宅における家族、ことには、みくにのために華と散つた勇士たちの遺家族、戰線で傷づきまたは病んだ白衣の勇士たち、さらに生產力擴充のために、汗にまみれて活動してゐるおほみたからのすべてが、けふのよき日を心から喜び迎へんことを。

だが遠く深く思ひをめぐらすまでもなく、日滿一億四千萬人のおほみたからの中には、けふの一日をすら、ほがらかに、ゆたかに迎へ暮すことの出來ぬ者が何と多いことであらう。

さうしてそれは何も今年の元旦に限つたことではないし、また一月一日といふ年に一度のことに限らぬ、およそ生きていく每日が、めでたく有難い人にはつねにめでたく有難いのであると共に、恵まれぬ、悩める人には、常の日が苦しみであり、あるひはのろひであるかも知れぬのだ。

おめでたう！　といつて自分の生を喜び、相手の生を祝ひ、みくにのいやさかをことほぐとき、いつたい自分は何故かくめぐまれてゐるのか？　と反省し、世の中には、おほみたからの中には、はたして今日たゞいまの自分の如くにめでたく生きえない者はないだらうか？　と考へてみる義務がありはしないか。

いや義務などといつては、ほんたうのことがあらはせない。

われ〳〵は上御一人のみいづと、下一億同胞、四千萬同志の――おほみたからのたゆみなきいそしみのおかげで、今日あることを心から感謝しなければならんのだ。

いつたい、米一粒もつくらず、羊一頭も飼はず、棉一本作らぬ人たちが、大きな顔して洋服を着て、御馳走をたべてゐるといふのは、何故か、また何のためか。

石炭一かたまり掘らず、運ばず、さらにかまにくべもしない者が、ぬく〳〵と温まり、やれ低温生活がどうの、石炭節約がかうのといつてゐられるのは、そも〳〵何のためか。

一等寝臺に大の字になつて、やれサーヴィスがどうのかうのと、文句たら〳〵のおえらがたは、夜の目もねずに、蒸氣機關を守つてゐる人たちのことを、果して考へてゐるだらうか。

非常時だ、總動員だ、堅忍持久だ、忍苦鍛錬だと、講演や訓辭をするだけで、自分は旅費つきで一等車、歡迎會、料理屋といふプログラムを、いとも平氣といふよりは、まさに當りまへのこととしてゐるやうな指導者（？）が、自他共に何の不審もいだかれずに動いてゐる――むしろのさばつてゐるといふこの狀態は、はたしていつまで續くであらうか。

時局はます〳〵むづかしくなる。

それは單に國際關係や經濟問題だけではない。

社會の物心全體にわたつて、むかしからの制度や、組織や考へ方を一新しなければならぬ時が迫つてきたのだ。

「昭和維新」といふことばがはやつたことがあるが、御一新の時機がきてゐるのにもかゝはらず、世の指導者たち、現狀維持勢力がこの革新をはゞまうとしてゐるところに、今日の時局の眞の國難があるのだ。

政黨の墮落と不信、官僚の獨善と無力といふことがいはれるけれども、そんならどこに力と認識と信念と指導精神とがあるのだ？

二千六百年來未曾有の國運の發展とともに、空前の大難局に立つてゐる今日、日本ははたして、これをのりきつて行く力にかけてゐるのか？

斷じて否？

國民の力、その精神が今日の如く充實し、かつ旺盛なことは空前なのだ。

眼前の難局の如きはこの國民實力の前には何でもないのだ。

それがあたかも非常に、國難に見えあぶなく思はれるのは、要するに今日の指導者たちがグウタラで誠意と勇氣とにかけてゐるからだ。

國民は今眞に勇氣と誠意とを有する指導者を待望してゐるのだ。（七，一，二）

第六十五章

金から物へ、物から人へといふのが、この數年來の世界の動きであるといつてよい。たとへばわが滿洲でも、建國早々から數年の間は、常に財政の問題が政治の中心であつた。金融の問題が經濟の中心であつた。

赤字を出さぬやうに、貨幣價値を安定させるやうにといふことが、財政金融當局の最も苦心し、努力して來たところであつた。

「健全財政」といふことは、わが滿洲では、特に强調せられ、またある方面で信賴せられたところだ。

だが建國五年目を迎へた康德三年になるといふと、もう單なる健全財政ではいけない、もつと積極的に、物の生産增加に力を入れねばならぬといふことになつた。

さうして、國策も「治安財政第一主義。」といつた方針から、産業第一・生産第一といふことにうつりかはつて、それが具體的には、産業開發五ケ年計畫となつて、康德四年から着手せられたことは皆人の知る通りだ。

つまり「金から物へ。」といふ移り變りの一つの重要なる姿である。

ところが、産業第一・生産第一と、各方面に五ヶ年計畫を强行すること三年、だん〳〵やつてみると、もつと根本的なことは、物よりも人だといふことが、わかつてきた。

もつとも、これは一方では支那事變が起つたこと、それに伴ふ日本の生産力擴充四ヶ年計畫によつて、物も、人も內地からの供給を充分にうけ得ないといふ事情が加はり、さらにヨーロツパ戰爭が起つて、ドイツなどから機械その他を輸入することが困難になつたといふ外部的理由によつて、物についての計畫を根本的に變へねばならぬやうになつたといふことも、有力な機緣ではあるけれども、たとひかういふ外部の事情が變らなかつたとしても、早晩「物から人へ。」の自覺と必要とは當然に起るべきすぢあひのものであつた。それは何も「財は末にして德は本なり。」といふやうな本質的な反省からでなくとも、だいたい「物を生産する。」といふことが、いふまでもなく「人の働き。」であるから、かりに「物そのもの。」をさしむきの目的としたところでまづその物を造るべき技術・勞働・組織・經營といふもの、つまり人的準備をしてかからねばならんからだ。

いはんや、たんに「生産」の面だけでなく、消費の面をも考へなければならぬ、配給の方面も、價格の部門も工夫しなければならんといふ、いはゆる非常時になり、全面的統制の時代になつてくるといふと、何もかも、根本は人だといふことにならざるを得ぬ。

もつとつきつめて云へば「人から心へ。」といふことになるのだ。

いひかへれば、人の量から質へといふことが重點になつて來るのだ。

同じ人間が、從來よりも、もつと工夫し、努力する、積極的にも、消極的にも考へて生きるといふやうにならねばならんといふことになつた。

しかもそれは單に個人的な工夫や努力にとゞまらず、他人との協同、全體の組織としての工夫を必要とし、全體としての能率をあげるといふことが、最も大切になつて來たのだ。

そこでわが滿洲國でも、いはゆる政策の意識的轉換が行はれ、根本的な方策としては、教育にうんと力を入れるやうになつたと共に、直接社會人、國民の總力をできるだけ發揮せしめようといふので、一般民生の安定向上に努めると共に、協和會運動にも一段と拍車をかけるといふことになつたのだ。

さうしてこれは滿洲だけのことではなくて、西ではドイツ、東では日本において、最もその必要を感じかつ實際に努力しつゝあるところだ。

ところがこの「人」の問題は、結局は「意識」「心構へ」の問題であると共に、それを最も効果的にするには組織と、指導者といふものが、よくできてゐなければならぬのだ。

（七，一，三）

第六十六章

組織か人か？　といふこと、あるひは制度か人かといふことは、よく論ぜられるところであり、さうして結局は、制度ではなくして人だといふ說が正しいとされる。

もちろんこれはりくつとしては決して間違つてゐないが、しかし「人」さへよければ制度や組織はどうでもよいといふことではないので、よき制度、合理的な組織を動かすに、よき人をもつてしなければならんといふ平凡な眞理を忘れてはならない。

今の世の中では組織を離れ、制度をはづれた人などは、をかに上つたかつぱほどにも、社會的・國家的、つまり人生的なはたらきをすることができないのだ。

ところが、制度や組織さへうまくできてをれば、それを動かしてゆく人間は、どんなデクのぼうでもよいか、どんな不德漢でもよいか、といふと、そんな亂暴な話はてんで問題にならんのだ。

だいたい、組織とか、制度とかいふものは、決して抽象的な、機械的なものではないので、生きた人間、すなはち、感情もあり、傳統もあり、知識や意思の程度や傾向も、時代により、國によつて、さま〲に異る人間社會の組織であり、それを運營し、發展させるための制度なのだ。

だからよい組織とか、立派な制度とかいふのは、それ〲の時と處と、とくに人間とに特有のものであつて、ドイツの國民組織がよいからといつて、それを日本にあてはめるわけにはいかぬし、ヒットラーユーゲントがうまくいつてゐるからといつて、滿洲でその飜譯的模倣をやるなどとはもつてのほかだ。

だから「協和會」は滿洲獨得のもので、ナチスやファシストなどとは、たとひ類似點があるにしても、それは斷じてものまねではない。

よしかりにある制度が、非常によくて、かつ普遍的な價値があるとしても、それを運用指導する人間の要素が伴はなければ、その制度だけをつくつてみても、全く物の用にならぬのみでない、かへつていろ〲な弊害を生ずるのだ。

古いたとへだが、子供に「正宗」といふことは、社會組織や、國家の制度にもあてはまることである。

さてから考へてくると、われ〳〵はいまどうであるか？

協和會運動と會運動の指導的役割をすべき會務職員、特殊會社制度とその運營者、統制經濟とそれの指導をなすべき行政官、合作社運動とその主要役員、かういふものを考へ合はせるときに、行政機構や、協和會組織や、特殊會社制度や、合作社運動は、いづれも、この國の理想實現のために、きはめて適切なよい組織であり、制度であるけれども、それがほんたうに、その效用を發揮するためには、どうしても、これらの組織を指導し、運營する「人」の問題について、もつと〳〵眞劍に考へかつ努力しなければならぬ。

それには十年二十年の將來を考へての學校教育は、もちろん基本的な重要なことに違ひないが、さしあたり、現に仕事をやつてゐるお互社會人・國家人の再教育が必要ではないか。

この年來滿洲國では再訓練といふことに重點をおいて、大同學院などで、官廳・會社・協和會職員等の中堅青年の短期訓練をやつてゐることは、まことにけつこうと思ふが、これはもつと〳〵範圍を擴め、規模を大きくする必要があるだらう。

たとへば新聞通信記者なども、何等かの方法で再教育・再訓練をすることが、きはめて望ましい。

さらに廣くいへば、かゝる特殊の制度によるだけでなく、各職場において、それ〴〵の首腦者たちが、皆指導者として、また人生の先達として、その日常の業務を通じて、つねに部下職員の教育・指導に當るといふことにしなければならないのだ。

またそれは、單に上下の關係だけでなく、われ〳〵はお互に相互教育をしなければならんのだ。部下を教育し指導する實力・徳力と能力をもたぬ者はどんな組織・職場においても、人の上に立つ資格はないといはねばならぬ。また相互教育の熱意なき者は永久にのびることのできない下草でなければならない。(七,一,五)

第六十七章

「いたづらなる民族的優越感をもつな。」といふことは、建國の當初から、たえず指導者たちから、日本人とくに日系官吏に對して教へられてきたところだ。

それは複合民族の國において、民族協和を標語として、それを實踐してゆく上に、いたづらなる民族的優越感といふものの有害なることが日々のやうに見られ、また有害なるべきことが考へられたからで、まことに當然の教訓であつた。

さうして、このいましめは、今日でもまもられねばならぬことではあるけれども、しかしわれ〳〵は滿洲國の指導的構成分子としての日本人には、この教訓以上のものがいるし、またほしいと思ふことが切である。

理由は簡單だ。

この教訓はあまりに消極面だけを語つてゐるからである。

優越感をもつなといふことはいたづらなる優越感のことであつて、正當なる民族的長所を自覺し、その指導者的使命に誇を感じることはなんらさまたげないのだ、と說いてみても、この教訓自體からうける感じが、抑壓的なもの、消極的なものであることはあらそへない。

建國の當初、滿洲事變のほとぼりさめず、また事變前の民族鬪爭のなごりがなま〱しかつた頃には、この自制的・消極的心構へは大いに必要であつたが、建國後十年近くになつて、滿洲社會の秩序もだん〱とゝのひ、日本人の量・質ともに飛躍した今日、さうして滿人の日本人に對する考へ方も、態度もまるで變つてきた今日では、もつと積極的な、建設的な日本人の心構へが必要ではないか。

單に滿人に對して不當にゐばるなとか、謙遜であれとかいふだけでは足りない。

ほんたうに指導民族としての使命を自覺し、理想にもえ、日本人たることの誇を高くもたねばならない。

だいたい、民族協和といふことをもつて、單にけんか・あらそひをしないことだ、仲よくすることだ位に考へるとしたら、それははなはだうすつぺらな、やすつぽいことである。

ほんたうの民族協和といふことは、新しい文化を建設し、新しい人類の生活の據點をきづき上げるために、諸民族が力を協せるといふことなのだ。

それにはもちろん、建國前のやうな民族鬪爭はやめなければならんが、それだけにとゞまるのではなくて、進んで新しい理想のもとに、それの實現のために、各民族がおの〳〵できるだけの努力をし、協力をしなければならんのだ。

ところが、この積極的な協力、建設的な、創作的な努力には、その中心となつて指導するものがなければならん。

この中心者・指導者のない社會で、たゞ仲よくせよなどといつても、それでは決して新文化が創造されないのみならず、單に仲よくすることさへもできないのだ。

そこで、この指導者・中心者なる任務をもつてゐるのが日本人なのである。

だから日本人は、日本人の使命と共に日本人の指導力、文化的優越性を充分自覺して自重自愛・精進努力しなければならんのだ。

日本人は日本人たることをほんたうにほこりとせよ。

日本人たることの名譽を思へ。

ほんたうに日本人のえらさとその使命とを自覺したら、その責任の重きにめざめたら、つまらぬみえをはつたり、一般民衆に對してゐばつたり、滿人を輕侮したり、することはできなくなるはずだ。

都會と田舍とを通じての、日本人のだらしなさ、酒にみだれ、女にくづれる、それこそ見ちやゐられないあの醜體のごときは、眞に日本人たるのほこりをもつことによつて、まつたくとはいかなくても、大部分のぞかれはすまいか。

二千六百年の皇運・國運を慶祝するにつけても、在滿の日本人は、もつと〳〵日本人たるほこりをもち、そのほこりを傷づけないやうに暮さうではないか。（七、一、六）

第六十八章

ドイツの農村をみて歸つた人の話を聞いて、考へさせられもし、また心强くも思つたことがある。

ドイツといへば世界でも一、二を爭ふ高度工業國だが、さうして、農村人口は全人口の三〇%にすぎないのに、ドイツ政府が農業に重きをおき、農民を大切にしてゐることは豫想外のものがあるといふ。

ドイツで農業を尊重する理由として（一）できるだけ食糧の自給をはかるため（二）健全な壯丁、强力な兵士の供給源として農村を重視する、といふことは、すぐにうなづけるところだが、さらに第三の理由として、ナチス國家の思想的根據として、特に農村および農民を大切にするといふ點は、大いに注目に値するところではないか。

ドイツでは、ブルートウントボーデン（血と土）といふ合言葉があるさうで、ドイツ民族の血液を、ドイツの農業土壤によつて健全に保つといふことの目標としてゐるといふ。

共産主義にあらず、資本主義にあらず、反共反資本のナチス精神の思想的溫床を、農村に求め、農業及び農民を基礎としてドイツの指導者階級の健全性を維持しようといふのだ。

その結果として、今では「ノイアーデル・アウスブルートウントボーデン」(血と農地からの新貴族階級)といふことばまでできてゐるさうだ。

さうして肩書ずきのドイツ人は、この頃ではその名前の上にバウエル(農民)といふ字をつけた名刺をふりまはす者もすくなくないといふ。

農本立國だなどと立派なことをいひながら、一向に農民を尊敬せぬのみか「百姓」とか「土百姓」とか呼んで、輕蔑どころか罵詈ざんばうの代名詞にする不心得者のすくなくないわれ〳〵のくにとは、何と大した違ひではないか。

も一つドイツの話で感心させられることは、農民たちが彼等の指導者ヒットラー及びその政策に非常な信頼をおいてゐることだ。

農民の實際生活の上では、もちろんナチス經濟統制の技術的缺陥や、統制そのものからくる不便に對する不平があるにはあるのだが、その生活感情においては、「以前よりは生活がよくなつた。」といふ認識をもつてゐるとともに、とくに「今は困難でも將來はきつと、もつとよくなるのだ。」といふ希望を、みんながもつてゐるといふことを聞いては、感心するもの、ひとり筆者のみではあるまい。

ドイツ農民がよく組織されてゐるといふことは、もとより、一つには教育が普及してゐることと、國民性がきはめて從順で、組織に適し、指導されやすいといふことも有力な原因だらう。

しかし、農民組織のやり方が、たいへん實際的だといふことを、われ〳〵は見のがしてはならぬ。

かのライヒスネーアシュタント——食糧團といふか、全體主義農村組織體は、指導的人材養成の部門、農園の改良增產をつかさどる部門及び市場統制の部門と三部門があり、今では第一の人間養成の部門が一番大切だとされてゐるさうだが、そのはじめは市場の管理統制といふ、きはめて實利的なところから出發し成長したものだといふ。

「われらの農事合作社もさうだ。」といかも知れぬが、形がおなじでも、農民の頭も、考へ方も、傳統も、準備も、方法も全く違ふことを忘れてはいけない。

しかし、そんならドイツの農業や農民は何から何まで滿洲よりよいかといふと決してさにあらず。

第一農業の基本たる土地及び氣候條件は、滿洲よりはるかに劣つてゐるさうだ。土地はやせてゐるし、日照時はすくないし、濕度は高すぎるし、滿洲より最低溫度が高いだけで、他はみんなわるいさうだ。

さうして農民の頭や、勤勉度も決して滿洲人よりすぐれてはゐないと見られるさうだ。いはんや日本人にくらべてはずつと劣る。

それなのに、何故にドイツ農業はあれほど發達してゐるか? それは一つには敎育であり、學問のおかげであり、いま一つは工業の應用、農業の機械化だといふ。(六、一、七)

第六十九章

日本人たるの誇りをもてといつても、單に日本人はえらいんだぞといふのでは、いはゆるいたづらなる優越感ともなり、またすくなくとも野郎自大のそしりをまぬがれぬであらう。日本人はまづ日本及び日本人の本質を知らねばならぬ。

「なんぢ自らを知れ。」といふことは、個人についてと同樣に、國民についても大切な敎訓だ。ところでそんならどうして日本國及び日本國民を知るかといふに、この頃まさにはんらん狀態と思はれる日本研究・日本論・日本精神の書物から、古典・國史などを讀むといふことはその一つのよい方法であらう。

しかし普通の人に、たくさんの日本論をあさつたり、歷史を研究したりするひまを求めることはできない。

何とか讀みやすくて手頃な書物がほしいものだ。

筆者が最近讀んだものの中では、大河平隆光氏の八紘一宇は日本古典をきはめて生き〳〵と解釋說明してあり、讀んでゐるうちに日本の有難さがわかつてくるやうに思へた。

しかし「ことたまの秘義」を理解することはなか〳〵の修業がいると見えて、讀んで理解しがたいところもすくなくなかつた。

だが支那思想の中心・源流と日本精神との對比やキリスト敎の本義を說いた章の如きは、わかりやすくもあり、また獨創的な卓見だと思ふ。

中山忠直氏の「我が日本學」は大河平氏の八紘一宇とは全く別の方面から、日本人のえらさ貴さを說いたものとして、まことに快著である。

中山氏の方法は「從來の日本研究の根本的缺點は、歷史主義の失敗である、日本が二千六百年にわたる一系の皇室をいたゞくといふ誇を感ずるあまり、たゞその故に日本を有難いとし、そこに歷史を貫く原理を發見しようとし、研究自體を迷宮に追ひこんでしまつてゐるのである。」として、いはゞ歷史地理主義によつてゐるといへよう。

その內容は、見地、日本民族の科學的能力、日本國體の特異性の基礎、日本人の精神生活、神道・皇室、ユダヤと日本の關係の六篇から成つてゐるが、本書の特色は、各方面の資料がきはめて豐富であること、叙述が科學的であるが、詩的・情熱的であり、かつ書き方がくだけてゐて讀みやすいといふところにある。

日本論とか日本研究といふたぐひの書物は、大てい讀みづらいものだが、中山氏の日本學はその點實にらくに讀める。

しかも日本人も科學的能力についての篇などはまことによく調べてあり、單なる有難や式や、神がゝり式でなくて、一讀して日本人の力量について自覺と自信とを强めるものがある。ヒツトラーが「マインカンプ」において、日本人を文化支持者であつて文化創造者でないといつたことについて、中山氏は本書の最後のページにおいて『微笑をもつて「我が日本學」をヒツトラー閣下にさゝげる。』といつてゐるが、われらも、アリアン人種の身勝手や思ひ上がりを怒るよりも、中山氏と共に、日本人の實力、その將來性を確信しつゝ、ヒツトラー、ムツソリーニ、スターリン、チエンバレンその他白人一般を，ゆう／＼と指導して行く氣概をもたうと思ふ。

だがわれ／＼は日本人のえらさの由來を、源泉を、あまりに地理的環境にのみ歸せしめることは危險である。

日本人はなぜえらいかといふことについて、われらは民族生活の傳統をまじめに考へねばならぬ。

その重要な一つは食物だ。

今一つは座俗だ。

世界廣しといへども日本人の正座の如き座俗をもつてゐるものは他にないのだが、このすわるといふことについて、われ〳〵は眞劍に考へる必要がありはせぬか。

序ながら中山氏が滿洲によい日本人を送るのは反對だ、日本人中の比較的わるい分子を移住せしむべきだといつてゐる點はうなづけないといふことをつけ加へておく。(七,一,八)

第七十章

この頃日本內地では、官僚にたいする非難攻擊の火の手が大分さかんになつてきた。官僚の獨善とか、非能率とか、むかしからのおきまり文句ではあるが、それが從來と違ふ力と內容とをもつてゐる點では、全く質が違ふといつてもよからう。それは今日の時局が全く未曾有であつて、官僚が國民生活に關係する部面が今までに全く例のない程、廣くかつ深いといふことにもとづくのだ。

今から數年前までの官僚は、たとひ獨善であらうと、あるひは少々非能率的であらうと、それの直接の影響をうけるのは、國民のうちの一部の人であつたり、または國民生活の一部分にとゞまつてゐたのだ。

ところがけふ日では、官僚のはたらきは國民生活の全面に、强く、深く立入つてくるのであるから、官僚の心構へや、能力や、能率が直ちに國民の生活利害及び生活感情に、大きな影響を與へずにはおかないのだ。

しかるに、こんな質的變化をきたした官僚は、實はむかしながらの官僚意識・吏道精神で動いてゐる者が大部分であるし、とくに困つたことには、何もかも、全面的に統制をやるといふことは、これは統制經濟といふものの必然的方向であり、むしろ運命であるにもかゝはらず、この必然的の見透しがなく、部分的な統制を、いつも後ればせに、おつかけおつかけやつてゐるために、統制の法制も、機構も、單にばら〳〵であるのみならず、かへつて互に矛盾したり、相剋したりしてゐるのだ。

これでは「神の見えざる手」に代つて國民經濟をうまく運營し、全體の調和をえさせるなどは、至難といふよりは不可能に近いことになるのはあたりまへだらう。

さらに當面の困難の一つの原因は、むやみと役人の仕事がふえ、役所が大きくなつたのに對して、從來から訓練された人間といふものはさう多くないばかりか、多少とも事務にたんのうな者が、時局產業の方へ高給で轉職する者なども少くないので、多くは未熟な、さうして場合によつては素質もあまり上等でない者を、どん〳〵採用して、ともかく頭かずをそろへてゐる結果は、いはゆる官僚の非能率どころではなく、文字通りおそろしく事務がはかどらぬやうになつてゐるといふことである。

しからば一たいどうしたらよいのか。

國民はたゞわい〳〵と官僚の攻撃だけしてゐたらよいのか。

大阪の栗本氏だつたかが「官僚は手續きに責任をもつが、結果に責任をもたぬから困る。」といつたのは、官僚に對する名批判だとかいひはやされたが、いくら名文句で批判してみても、それだけでは何の救濟にもならない。

官僚や制度の改むべきは、勇敢に、すみやかに改善の具體策を講じて斷行せよ。

しかし、それと同時に忘れてならないのは、國民一般の側にも、大いに改めるべき點があるといふことだ。

生産者としても、消費者としても、今日の國民の組織は全く前時代的であるし、その意識においても口では非常時だの、國難だの、新秩序だのといつてゐるが、その實全く昔ながらの考へ方であり、やり方ではないか。

農林省系統、商工省系統の各種のかず知れぬ組合や團體の、無統制さ、無方針さは、その實情を知れば、あきれかへるほかはない有様ではないか。

直接經濟運營に關係のない團體でも、靑年團や、婦人團體その他いろ〳〵な團體がそれこそまんじともえと入り亂れて、まるでお祭のおみこしのやうにおし合ひ、へし合ひ、もみ合つてゐるのが日本の現狀ではないか。

官僚の指導精神の革新・確立及び訓練とともに、いやそれよりも必要なことは、國民組織の再編成だ。

それをどこから着手するか、どう實行するかは、主として時の力と社會的の勢による。ほんたうのことは、まだ〳〵今日位の時局では、眞の國民組織の再編成などできるものでない、と考へておくのが正しいだらう。

いはゞほんたうの非常時はまだこれからだといふことだ。（七，一，九）

第七十一章

日本人に「高い誇りをもて。」といふのは、なにも滿洲における、他の諸民族に對して、その本質的な、文化的な力がすぐれてゐるから、その自覺をもち、その責任にふさはしい生き方をしなければならぬ、といふだけにはとゞまらない。

日本人がこの國における民族協和——すなはち新文化の創造についての、中心者・指導者として、他の諸民族の協力をうながす原動力となることは、いまさらいふまでもないことであるが、さらに日本人は大きな使命をもつてゐるのだ。

近衞聲明以來一つの時代語となつた「東亞の新秩序」は、日本人が、日本文化をさらに掘り下げ、きづき上げ、それを東亞全體におしひろめることによつてはじめて建設し得るのだ。

これを裏からいへば、西洋文化の借り衣をすてて、ほんたうの東洋人の文化をうちたてることが、東亞新秩序の一番だいじな、かなめなんだ。

さうして、それは日本人及び日本文化の本質からいつて、きはめて當然なことなのだ。

しかるに、これまでの日本人は、あまりにも自己をむなしくし、いやしくして、およそ外來のものでさへあれば、何でも貴くすぐれてゐるやうに考へてきたのだ。

むかしは支那文化のとり入れにいそがしかつたが、最近數十年來は西洋文化の消化と追從に、日もこれ足りない有樣であつた。

己をむなしうして、ひたすらに外國のよいところをむさぼり學ぶといふことは、もちろんわるいことではない。

しかし、その熱心のあまり、自分を卑下して、貴くすぐれた己の本質を忘れて拜外的になることは、まことにあぶないことである。

とくに今日の如く、日本の日本でなくて、東亞の日本であり、さらに將來は世界の中心者・指導者としての日本とならねばならぬにおいては、われ〳〵日本人が、ほんたうに世界人類中一番すぐれてゐるといふ自覺をもつことが、日本のためにはもちろん、世界のために必要なことを忘れてはならない。

およそ世界の諸民族・諸國民中、自己民族の優越を信じかつ誇らないものはない。

中にもアリアン人種の諸民族は、ほんの最近數百年の新參成り上り者にすぎず、近世以前は文化も民度も低い野蠻人であつたくせに、この二、三百年間に世界をわが物顔にのさばつてきて、おそろしく身勝手にふるまひ、うぬぼれてゐるのだ。

東洋における自尊自大の旗がしらは、いはゆる「中華」思想の漢人だが、これはあまりにうぬぼれて東夷西戎と外國をばかにしてかゝつたために、すつかり文明の皮をかぶつた豺狼の西洋人にその心臓までくはれてしまつた。

今日ヨーロッパでぐわんばつてゐるドイツの如きも、この民族的なうぬぼれとほこりとにかけては斷じて人後におちぬので「ドイツ第一、世界最上」といふ國歌をはじめとし、あの有名なヒツトラーの「わが闘爭」の如きも、ドイツ民族のほこりを强調することいたれり、つくせりである。

ドイツ人はえらいのだといふだけならまだしものこと、世界の人種を「文化建設または創造者」「文化支持者」「文化破壊者」の三種類に分類し、アリアン人種は文化建設者であるが、日本人は文化支持者にすぎず、今日日本は西洋文化をとり入れてゐるが、もしアリアン人種の文化的刺戟とその源流が絶えたならば、日本人だけでは文化の創造進歩はとまつて、再び七十年前の眠りに落ちこむだらうといつてゐる。

ヒツトラーの獨斷――彼は東洋文化や日本精神の本質を研究したこともあるまいし、理解もしてゐないと思はれる――などは少しも氣にする必要はないけれども、われ〳〵はもつと日本人及び日本文化、とくに日本精神の貴さに目ざめなければならない。（七、一、一〇）

第七十二章

タクシーに乗る人は多分氣がついてゐるだらうが、ムヤミとスピードを出してすつとばす運轉手と、比較的ていねいで、あとからの車に追ひ拔かれても、平氣な顔して、スピード違反のスピードを出さぬ運轉手とがある。

後者はいはゆる責任運轉手であつて、前者はスペアの步合運轉手なんだ。

車の扱ひ方にかなりの相違が出るのは、要するに彼等の生活關係・經濟關係がおもなる原因である。

責任運轉手は、一臺の自動車を何千圓かで預つて、その責任額をかせぎためれば、そこでその車が彼の所有になることになつてゐるので、まだ所有權を得ないうちから、大切に扱ふのだが、步合かせぎの運轉手は、すこしでも早く走り、一人でも多くの客をのせて、ひたすら步合の多からんことのみを願ふので、車のいたむことなどは何等意に介せずにぶつとばすといふことになるのだ。

この歩合專門の運轉手は單に車を粗末にするだけでなく、不正を働くことも多いので、今ではどの自動車營業店でも、ほとんど責任制にしてゐるといふことだ。

この卑近な事例は、昨今の統制經濟や、新機構の運營について、一つの暗示を與へるものではないか。

經濟の本質や目標は、高い理想、貴い道義におかねばならないが、その實際の運營は、人間性をよく見きはめ、人情の機微にふれるやうに工夫しなければならぬ。

つまり、究極目的は高く、全體生活の向上發展におくべきだが、その部分々々の組織は人間の慾望の傾向に卽してうまく組織する必要があるといふのだ。

慾望を否定したり、無理に是正したりするかはりに、この慾望をうまく組織し、よき方向にむけて、その結果が全體としてよいやうにして行くところに、今日の政治や、經濟の指導の要諦があるのだ。

それを人情もかまはず、慾望の組織もやらずに、高遠な目的だけ大聲で叫んでみても、むしろその逆の效果を生まなければ幸ひといふことになる。

そしてこの慾望は、決して目前の物的・金錢的利害だけに向つてゐるのではなくて、もつと廣い人間の性情にもとづき、自由判斷とか、創意とか、責任感とか、將來に對する希望とかいふものも、大きな生活慾求であることを忘れてはならない。

これは滿洲の政治・經濟について特に反省・考慮を要するところはないか。

滿洲のやうに傳統や、行きがかりのない仕事のやり易いところはない筈であるが、その割合に仕事がはかどらず、能率があがらない原因の一つは、官吏でも、特殊會社でも、ほんたうの意味における創意を生かし、責任を負はせるといふ立前がひどくかけてゐるからだと思ふがどうだらう。

責任といふことは、法律上のことでなくて、ほんたうに心から感じ、かつ任ずるものだとせば、それはあくまで自己の判斷にもとづき、自己の自由意思による行爲でなければならぬ。(これは法律上の責任でも同一原則に立つのであるが。)

ところが、滿洲國ではこの自由なる判斷、獨自の創意にもとづく活潑な行爲といふものが、あらゆる部面において、著しくしなび、おとろへてゐるやうなことはないか。

三年や五年のことなら、命令や强制でも何とか動く。千や二千の役人なら指圖して動かすこともできよう。

しかし何萬何十萬といふ大きな組織を、何十年、いや永久に動かすには、自動的な原動力を與へるより外はない。

人の社會の組織を動かす原動力は責任主義の確立である。

さうして責任の心理的、かつ倫理的の基礎は自己判斷である、自由裁量であるといふ簡單明瞭な原則を忘れないことが肝要ではないか。(七，一，一二)

第七十三章

「經濟はあくまで經濟である、經濟と倫理道德とを一緒にして、今日の經濟上の諸問題を道德論で解決しようといふことは無理である、贊成できない。」といふやうなことを先夜松平前農相が演說してゐたが、それはいはゆる上層階級とか、現狀維持派とかいはれる人々の思想を代表したものであらう。

「とにかく事變さへ何とか片がつけば、またもとの自由主義的ならくな時代にもどるだらう。」といふのが、これらの人々の根本觀念なのだ。

だがすこしは考へてみるがよい。

今度の事變は一たい何を目的としてゐるのか、近衞聲明は何といつてゐるか。

領土的野心なく、賠償金を要求せず、たゞ東亞に新秩序を確立し、いはゆる善隣友好・共同防共・經濟提携だけを願ふといふのが、この事變處理の目的ではないか。

新秩序は支那だけのことではなくて、日本自體も舊態を改めなければならないことは、何度もいふ通りだ。

また、具體的に三原則をつらぬくことも、日本の社會・經濟・政治を革新し、國民の再編成――眞に一君萬民の本義にもとづいた新組織をつくるのでなければ、斷じてできつこはないのだ。

しかるに、現狀維持者流は、支那事變の處理は處理で、國內の革新はしないやうにと欲するのだ。

それではそも〳〵何のためのこの聖戰であるか。

だが現狀維持派がどんな工夫をしようと、歷史を逆流させることはでない。

國民は有史以來はじめて、全國民的に、國體を明認したのだ。身をもつて眞理日本の國體を知り、感じ、生きたのだ。

いつまでたつても舊態依然たる上層階級、「政治家（?）」連中などにはおかまひなしに、世界の新秩序の基礎としての眞理日本の新秩序建設の方向へ、國民はつき進んでゆくだらう。

もちろんそれは時間的にも、方法的にも容易なことではない。

おそらくいろ〳〵の困難や、障碍があるだらう。

しかし、困難が大きければ大きいほど、ほんたうの日本國民組織ができ上るだらう。何故ならば、今や日本は、上御一人をたのみまゐらせて、全國民がほんたうに組織され團結する以外に、この難局をきりぬけ、新生命の展開飛躍をする途がないからだ。

この新しい、建國以來はじめての、眞の一君萬民組織が、どの部面から、どういふ方式で生れるかは、いま豫言することはできないが、それは國民のうちの眞に生產し、眞に國防の第一線に立つ、ほんたうの意味における國家の柱石たる一般國民の組織でなければならぬし、またさうであるだらうといふことだけは、いへるだらう。

有り難いことには、日本國民は、この一番大切な、一番多い國民大衆が、一番健全であり、勇氣があり、聰明であり、有能なのだ。

上層部や、指導階級や、權威組織が、時代後れになつたり、腐敗したり、無力化しても、二千六百年の國體の中心生命たる上皇室のいやさかえますとともに、下萬民は愈々すこやかに、かつ誠忠無比なのだ。

政黨の榮枯、官僚の盛衰などは、國運の全體からいつて問題ではない。

しかしながら、今日の時局において、大任を負つてゐる最高指導者とか、上層部とか、權力組織の擔當者とかいふ地位にある者たちは、どうしてもつと眞劍にまじめにならないのか。口で立派なこと、高尙なことを、空念佛のやうに唱へるだけでなく、身をもつておこなはないのか。

今日の指導者たちの病根は、無反省なのか、無氣力なのか、無恥無誠意なのか、あるひは無智爲すところを知らないのか。

今日なすべきことは市井の平凡人といへども知つてゐる。知らざるに非ず、行はざるなり、行ふの勇氣と誠意とを缺くなり、と斷ずるのは誤であらうか。(七・一・一三)

第七十四章

いはゆる「精動」すなはち國民精神總動員聯盟は相當有效な活動をしてゐるかといふ問に對して、ほとんど大多數の人々は「否」と答へたといふ。

中には、こんなものは無きにしかず、やめてしまへ！　といつた人もある。

また農村では不要だが、大いに都會ではやつてもらひたいといふ聲もある。

先日聞いた話だが、かつて全國の「精動」指導者たちを、各地方から選拔して、七十名とかを東京に集め、丸ノ內の某料亭で、一人當り十圓也の御馳走をして、

「さて皆樣御苦勞です、ついてはわれ〳〵精動指導員はこれからどうすべきでせうか？　御腹藏なき御意見御開陳のほどを……」といふことになり、甲論乙駁、名論や迷論が續出したあげく、決定したのは「これからの宴會は一汁一菜にしませう。」といふことであつたといふ。

まさか？　とは思ふが、こんな皮肉なデマ(？)が飛ぶほどに「精動」は信用がないのだ。また每月一日の興亞奉公日には、東京とか大阪その他の大都市ではとにかく自肅が行はれて、歌

舞音曲もなく、きれいにしづかになるさうだが、その代り近郊の町や村は、大都會から逃避した遊客たちの底ぬけのランチキ騷ぎで、その地方の自肅や奉公精神をかきみだしたり妨害すること甚しく、その一例として、熱海町からその筋へ嚴重な抗議が出たといふことである。

非常時局の認識と自肅は、上層よりも下層に、都會よりも田舍に徹底してをり、まじめに行はれてゐるといふことは疑のないところだ。

生產大衆や、農村が健全でまじめだといふことは、まことにうれしいことであり、日本の强みはこゝにある。

しかし、この立派な國民を、ほんたうに組織しその力をいやが上に發揮せしめるには、どうしても指導者が必要なのだ。

それは一方で組織力と實行力とをそなへた强力な、大衆の信賴をつなぎうる人でなければならぬ。

いまの「精動」の無力は、ほんたうの國民組織に立脚してゐないのと、も一つは幹部たちが、古手官吏やいはゆる名士などで、自分の生活がさつぱり地についてゐないといふことに原因してゐるのだらう。

そんならこんな無力な「精動」などやめてしまへといふ說は正しいかといふに、全くもつてしからず。

「精動」幹部のダラ幹ぶりは非難すべく、なげかはしいことだが、まじめで眞劍な、一般國民は、あるひは一生けんめいに「精動」の方針を實踐しようとしてゐるし、またインテリ層や批評家なども、一見無責任な批判をしてゐるやうであるが、こんな一場の放言にも似たことでも、やがては國民の大きな聲になるであらうし、すくなくとも何等かの刺戟にはなるだらう。

とにかくいろ〳〵とやつてゐるうちに、ダラ幹は淘汰されるであらうし、未熟者は訓練されるであらう。

いつたい從來の日本では、國民全體の具體的な組織的運動など、ほとんどなかつたのだ。

「精動」でも「產報」でも、その現狀だけをみれば、不備なところも、弱點もあり、なつてゐないといふやうなところも多いけれど、かういふ種類の運動が、どし〳〵行はれてゐるうちには、全國民が訓練され、組織されてくるのだ。

あの防空演習とか、防火訓練とかにおける婦人動員などでも、その實戰的效力からいへば、まことに兒戲に類するものがあるだらうが、それの及す精神的效果は非常に大きいものがあるのだ。

それはちやうど、一般の演習や、練習の効果と同じだらう。

たゞしかし今日は、はたしてそんな手ぬるい演習の時代か、といふことは大きな問題だが、何といつても現實の日本の姿が現れてゐるのであつて、これを否定することはかへつて一種の自己陶醉であり、自己欺瞞におちいることになる。

現實を直觀せよ、現實に立脚して理想を追へといふことは、いつの時代にも大切なことだが、今日はとくにさうではないか。（七、一、一四）

第七十五章

昨年の協和會全聯において、梅津名譽顧問は、「聲なきに聞け。」と訓示し、また隻手の聲を聞けといふやうなことも說かれたものであつた。

これはいつの時代においても、政治家のもつとも大切な心構へでなければならぬが、とくに今日においては、絕對的に必要なことである。

しかるに實際は聲なきに聞くどころか、おほきな聲にすら耳を傾けぬやうなことがありはせぬか。

滿洲國の政治くらゐ一方的なものはない。

協和會運動の如きは、特にこの政治が一方的になつて、單なる支配や統治に陷らぬやうにすることが眼目であり、從つて眞の意味の宣德達情、ことに達情工作こそ現下の急務であると思ふが、はたしてその機能を充分につくしてゐるかどうか。

都市における一般消費大衆の聲、農村における生產勤勞者の聲は、はたしてよく政府に傳へられてゐるか。

「官作輿論」などでなくて、ほんたうの民の聲をきくことは、とくに今日の政治の基本でなければならぬ。

民の聲をきくといふことは、直にそれに從ふといふことではない。

正しい聲には從ふべく、誤つた考や要求に對しては、それ〴〵方策を講じて指導するのだ。

ところが底なしの沼に物をほりこんだやうに、何の手ごたへもないか、あるひは人なき谷間で叫ぶが如く、聞えるものは自分の聲のこだまのみといふことではすべての政治や行政が、全くの獨りよがりか、自慰に終つてしまふであらう。

ある人が、かつて滿洲の政治を評して「功名心輕蔑の心增上慢、謀略支配命令統制」といつたことがある。

その人はこれは歌だといつたが、歌であるかないかはどうでもよい。

問題は、滿洲國にほんたうの政治がなくて、單に官吏の功名心や名利の心や、さうしてそれを滿足させるために單に支配や命令や統制のみでやつてゐるとしたら、それこそゆゝしいことだといふ點にある。

満洲國の政治は、はたしてこの歌らしき文句の批判に該當するものがあるかないか。

これはもちろん、官吏とくに日系官吏の猛省を要する點であるとともに、他面協和會方面においても大いに考へねばならぬところではないか。

そのかみの協和會では、滿洲政治の官僚化を可なり批判してゐたものであつたが、この頃は協和會機構そのものが、ひどく官僚化してきてはゐないか。

もちろん、組織が整然としたり、事務が敏速になり能率があがる、といふこと自體は、けつこうなことである。

しかし、協和會はあくまで協和會の本質的使命にもとづき、いはゆる行政官廳的なものにならぬやうにするのがかんじんだ。

口さがなきものは、今の協和會を目して、まるで「協和部」だといつてゐる。

さうしてそれは地方機構にいたるまで、同様の傾向をもつてゐるので、單に組織が行政機構とそれこそ「表裏一體」的に相照應してゐるのみか、その機能まで同じ分野・對象に向つてゐるやうだ。

縣公署と縣本部、もつとはつきりいへば、副縣長と縣事務長との間に、いはゞ一種の權限爭ひとか勢力爭ひのフリクションが起きてゐる事例もなしとしないのだ。

大體似たりよつたりの素養傾向のものが、同じやうなことをやれば、その結果はどうなるかはおのづからあきらかだ。

今の滿洲國で眞の意味の協和會活動ほど大切なことはないと思ふが、同時に今日のやうな會務職員の活動方向はかへつて效少くして、往々逆效果をまねくおそれなしとしないことを忘れてはならぬ。

會務職員はできるだけ直接民衆に接せよ。

農民大衆間にみづから入りこめ。

そのためには何としても滿語をみづから話さねばならぬ。

通譯をつかふやうなことでは、會務の第一線に立つ資格はないことを思はねばならぬ。

さしむき協和會は會務機構の擴充を急ぐことなく、眞に第一線に役立つ選士の養成訓練にその重點をおいてもらひたいものである。（七，一，一六）

第七十六章

パール・バックの「戰へる使徒」を讀んだ人は、主人公アンドリウのひたむきな献心的傳道生活に、いろ〳〵な意味でうたれたことであらう。

ところがアンドリウに似た傳道者は決してすくなくないのである。

この滿洲國內にでも、各派の牧師や、ミッションスクールの敎師たちの間には、全くこの土地の人になりきつて、傳道や敎育を心から天職と心得、職業と觀じて、身も心もこれにさゝげ、樂しんで道を行つてゐるやうな人がすくなくないのである。

彼等ヨーロッパ人やアメリカ人の傳道者たちの、その本國敎團から受けてゐる俸給は、決して多くないさうで、たいてい月三百圓から、最高四百五十圓位にとゞまるといふ。

もつとも夫婦共かせぎも多く、妻は月百圓內外で敎師などやつてゐる者あり、また家族手當あるひは子供手當として、一人につき年三百圓くらゐの支給を受けてゐるといふことだ。

それにしても、彼等の本國における生活にくらべて、あらゆる點で不便不自由なことはいふまでもないから、これくらゐの給料は決して多いとも、ゆたかであるともいへないのみならず、日系の官吏や會社員の中幹部にくらべても、むしろすくない方である。

しかるに、彼等滿洲にゐる西洋人の生活の內容や態度は、大ていの日本人よりはずつと豐かに、落ちついてをり、樂しんでゐるやうに見えるのは、われ〳〵の大いに考へかつ學ぶべきことではあるまいか。

敎義と信仰以外にほとんど何の力も手段ももたない彼らは、人情も風俗も、ひどく違つたこの滿洲に來て、しかも可なりな田舍に入つて、默々營々として、その土地の人々の心田の開發に當つて、着々として成績をあげてゐるのである。

第一に彼らは例外なしにこの土地のことばに通じてゐる。

第二にすこしもゐばらないで、心から人々につくしてゐる。

その結果は、單に宗敎上の信仰だけでなく、その傳道者や敎師その人に對する深い信賴をかちえるにいたるのだ。

さういふ實例を拾へば、滿洲國內にでも、決してすくなくないのである。

ある人は、東亞の新秩序の精神的工作の重要なる對象の一つは、支那・滿洲などにおけるミツションスクールの問題だといつた。

キリスト敎會及びその經營にかゝる學校の問題は、それらの機關の國際政治的ないろ〳〵な考慮を別としても、眞東洋精神または新東洋意識の樹立普及といふ點から考へても、なるほどまことに重要なことに違ひない。

しかし、これを單に權力や政策の力だけでどうかしようといふことは、思はざるの甚しいもので、へたをすると、かへつて逆效果をうむおそれがあるのである。

われ〳〵はほんたうに東洋人の思想、信仰を歸一すべき、精神目標を確立するとともに、特にそれらの傳道者・殉敎者にならねばならない。

しかるに、いまのお互は、省みてはたして如何？

各派佛敎などは、ほとんど內地人專門、それも葬式專門といつても過言でなく、新たに滿人の中に入つて彼らの魂をとらへやうとする努力さへあまり行はれてゐないではないか。

また官吏・協和會職員・學校敎師らの中にも、ほんたうに打ちこんで、おのれを忘れて滿人の中に入つてゐる者はまだ〳〵多いとはいへない。

滿洲の自然的環境の惡いこと、氣候や風景のあらいこと、文化施設がなくて不自由なこと、月給が少いこと、などをかこつたり、それにかまけたりする者が何と多いことよ！

さうでなくても、ひたすらに地位の向上、立身出世に血眼になつて、ほんたうに仕事を樂しみ、この大陸日本建設の聖業に參加せしめられたことを感謝する底の人士がいたつてすくないのではないか。

日本人は功をあせることなく、じつくりとこの國に人生をうちたて、樂しんでいきてゆくことを工夫しなければならない。（七，一，一八）

第七十七章

よく思想の統一だの、共通の意思だのといふけれども、實際のところは「言何ぞ容易なる!」といひたい。

早い話が、日常用ひてゐる時局的用語などでも、それが相當重要なことであるにかゝはらず、なかなか一定してゐないではないか。

一例をあげれば、日本の國力をあげて戰ひつゝある支那事變——支那事變と仰せ出だされてゐる——のことを、日支事變と呼んでゐる者が、決してすくなくないのみならず、ジヤーナリズムや、相當の指導的地位にある人々までが、平氣で日支事變などといつたり書いたりしてゐるのである。

單なる用語例といふなかれ。

國家が決定したこの大事變の稱呼を勝手に別のことばで呼ぶといふ不用意さは、その意識の底に、國策・國法に對しても幾分かの不感性的素質をもつてゐることの一つの證據だと見れば見られるのだ。

満洲國から日本國を呼ぶのに「友邦」ではいけない、「盟邦」にしようとか、あるひはさらに一歩進めて「親邦」が適當ではないかといつてみても、あひもかはらず友邦呼ばはりが普通である。

野球チームの名前の如きも、「滿洲國軍」などといふ、いかにも非條理きはまるものが、その不都合をならす者が出てから幾年、いまだに改正されないといふやうなことも、事小に似て、その實「滿洲國」に對する認識のうすつぺらさのあらはれと見られぬこともない。

うはつ調子でうすつぺらなこの頃の世相は、政府當局などの談話における用語にもあらはれてゐる。

米内内閣の外交方針にあくまで「自主的」立場を堅持するにあるといふやうなことを、首相・外相ともに平氣で語り、新聞記者また「自主的とはどんな意味か」などと質問してゐるていたらくは、全くあきれざるを得ぬではないか。

およそ獨立國でどこにその外交方針が自主的でないものがあるか。

いはんや世界を三分してその一を保たうといふ東亞の盟主たる日本國の外交が、いまさら自主獨往などとは、いつたい何事であるか。

そも〳〵語るにおちるで、從來の外交は他力本願追隨一點張りであつたとでもいふのか。いくら恐英だとか對米媚態だとかいはれても、それはその時々の外見上の手段であつて、いやしくも外交であり、獨立國である以上、常に自主的であらねばならぬし、またさうあつたはずなのだ。

一國の指導者たるもの、すこしは言葉の用ひかたにも注意をすべきではないか。

用語といへば、誰それが次官になつたとか、大臣になつたとか、總理大臣を拜命したとかいふ際に、相も變らず榮轉でおめでたうとか、榮任を祝すとかいつてをるのは、非常時局だの、奉公だのといつてゐるが、それは口さきだけの空念佛で、腹の底は、だれも、かれも、個人主義・利己主義・立身出世一點張りだといふことの生きた證據ではないか。

友人が出世した、鄕黨の先輩が大臣になつたといつて喜ぶなどといふことが、今日の時局世態の眞相を知る者に、できることかできないことか。

大命降下で萬歳を叫んだり、こもかぶりや鮮魚をかつぎこむといふやうなことが、依然として行はれてをり、新聞記者も新大臣の家庭の喜びの情景を寫眞入りでデカ〳〵と報じ、社會またこれを異とせぬといふ實情では、政治の革新などまだ〳〵といはねばなるまい。

いまどき大臣になるといふことは、個人的にはそれこそ命がけであり、國家的にも全我的奉公を必要とするので、めでたいの嬉しいのといふやうな沙汰ではないはずなんだ。

それを祝つたり、よろこんだり、おだてたりするといふのは、ひつきやうちつとも眞劍でないことを物語る。

ふまじめであり、眞劍でないことを示す用語の日常の例は「代用食」だ。

雜穀を食ふことを代用などと呼んでゐる間は、眞の食糧問題の解決も、健康問題の解決も出來ないと知るべし。（七、一、一九）

第七十八章

物價の問題を單に經濟の問題としてのみ考へ、かつ取扱ふといふことは誤であると思ふ。

「經濟には經濟の法則理法があるので、これに倫理や道義を混入することはいけない。」などといふ思想もあるけれども、これこそいはゆる自由主義の殘滓であつて、今日の世界では、もつとも危險な有害な考へ方である。

經濟と道德、經濟と愛國心とをむすびつけ、むしろ道義實現のための經濟、國家發展のための產業といふのが今日の指導精神であり、また現實の經濟生活ではないか。

もしこれを否定して、經濟はあくまで經濟で、愛國心や道義とは全く別物だとするなら、今日の統制や、計畫といふことは、根本的なまちがひであり、不可能だといふことになるのだ。

しかし、誰でもこんなことを考へる人はあるまい。

今日は、從來の經濟學はゆきつまつて、經濟學のたてなほしをしなければならぬといはれてをり、現にさういふ努力をしてゐる學者もあるのである。

さうして、このことは現實の經濟生活や、制度や、その運營が、いはゆる單なる經濟法則・利潤原則だけでなく、むしろ經濟外の、より高次の指導原理によつて、動かされてゐるといふ事實を、學者も認めざるを得なくなつたことを示すものに他ならぬ。

つまり今日の經濟は、經濟のための經濟、いはゆる純粹經濟といふやうなものではなくて、一定の國家目的・全體理想實現のための手段方法といふことになつてきたのである。

從つて物價の問題の如きも、單に經濟技術的見地からのみこれを扱ふのは、まことにその當を得ないものといはねばならぬ。

しかるに實際においては、物價問題の取扱は技術的に偏し、理想をかくことがすくなくないやうに思はれるがどうか。

たとへば、低物價政策とたばこの値上問題についての世論を見よ。

あるひは砂糖の價格に見よ。

何でも安くさへあればよいといふことは平時においてさへ正しいことではない。

いはんや、戰時においては、物價に國策や理想を反映させることは、最も望ましいことではないか。

それもむかしのやうな、物價に對して、特別な統制力を、政策的に及し得なかつた時代ならばいたし方もないが、今日の如く絶大な國家權力と機構とをもつて、力强い統制をなしうるときに、物價問題を機械的な技術的な見地からのみ扱ひ、一律一遍に諸物價を低くしようといふだけの努力をしたり、またはそれを要求したりすることは、當局も國民もまちがつてゐるといはねばならぬ。

さうして、この場合考慮にいれるべき要素は、決していはゆる倫理的分子・奢侈抑制といふやうな狹いことに限らず、廣く一般に國民生活全體の健全性を增すこと、經濟力そのものの增强を目標にすべきだ。

一例をあげるならば、前述の砂糖である。

砂糖の過度なる消費がどれだけ健康を害してゐるかといふことは、今日識者の定說であり憂慮である。

今日砂糖が不足してゐるといふことは、國民保健上むしろもつけの幸である。

此の際、砂糖にはうんと重稅をかけて糖價をつり上げ、國民の砂糖消費を抑制すべきではないか。

満洲でも砂糖は安價すぎるのだ。

課税の方法なり、專賣なりによつて糖價の大幅引上げを行ひ、今にして砂糖消費の著増普及を防止しない限り、國民體位の低下は免るべくもないであらう。

とにかく低物價政策だといつても、何もかも一律一體にすべきでなく、物によつては思ひきつて引き上げてしかるべきもののあるを忘れてはならぬ。

但しその値上りの利益が一部業者の獨占に歸するやうのことのないやうにすることは、おのづから別の考慮を要する。

それは、課税によるもよからうし、專賣も可なるべく、その他適當の方法を講ずべきであらう。（七、一、二〇）

第七十九章

生産力擴充だ、産業五ケ年計畫だ、國防國家の完成だと、國策目標をたてて推しすゝめて來た結果は、支那事變やヨーロッパ戰爭のやうな國際的事情の影響とともに、物と人との不足を痛感せしめらるるに至つたこと、いまさらいふまでもない。

「物がない」から「人が足らぬ」といふことになつてきたが、われ〳〵はこの「物」及び「人」の量の不足を叫び、量的充足の計畫や努力と共に、もつとその「質」について考へ工夫する必要がありはせぬか。

いや、それはいふまでもなくやつてゐるのだと答へるかも知れぬが、現實はまだ〳〵工夫が足りないといへる。

だいたい日本人位むかしから物にめぐまれ、從つて物をおろそかにする國民はないとさへいふ人があるが、滿洲日本人は、内地に比して一段も、二段も、物をそまつにしてはゐないか。

人についても、頭かずばかり揃へることにうきみをやつすよりは、腕をみがき、能率をあげる工夫を、うんとやりたいものだ。

この頃の官廳はひどく能率がさがつたといはれる。

それは一方では官吏の活動分野が廣くなり手も足らぬし、また新分野に對する技術的なふなれや、新しい官吏の任務使命についての心構へのできてゐないといふやうなこともあらう。

しかし、いはゆる能率の低下といふ客觀的な事實の根柢には、いはゞ一つのサボ氣分——たとひ意識的でないにしても、一種の怠けぐせとでもいふべきものがありはせぬか。

さうしてその原因の一つは、下級官吏に及ぼした文官令の影響だといふものがある。

いくら全體主義だ、滅私奉公だといつたところで、人間のことだ、まづ百人なみの凡夫では出世もしたからうし、昇給もして欲しいのが人情の常といはねばならぬ。

ところでこの昇進・昇給は筆記・口述の試驗に合格することが條件だとなれば、誰しもこの試驗をうまくパスすることを、これつとめるのは當り前のことである。

だがこの試驗は決して學問偏重でなくて、執務能力と人物に重きをおくのだといふことになつてゐるけれども、何といつても受驗は一種の技術であり、從つて準備練習といふものがものをいふことはあきらかだ。

そこでいきほひ役所の仕事をまじめにコツ〳〵やるよりは、受驗準備といふことになるので、これが官廳の能率低下あるひは一種の無意識的サボタージュの原因になつてゐないと、誰が保證し得るか。

も一つは、すでに試驗も通り高等官にもなつてゐる連中の能率不振だが、これにはもちろん色々な原因があるだらう。

しかしその主要なものは、何といつても人事がともすると形式的であつて、賞罰がはつきりしないといふことではないか。

ことに相當上層部のもので、當然に責任を負ふべきものが、さつぱり何の責も負はされずどん〳〵いはゆる榮進(?)してゆくといふやうなことになれば、官吏たるもの誰でも、あまり眞劍になつてやるものはなくなるだらう。

はりきつて色々なことをやるよりは、まづ事なかれ、八方美人式に上下の御機嫌でもとつてゐた方がまづ身の安全でもあり、待てば海路の日和もこようといふ消極主義がはやつてこないものでもない。

さうしてこれは、上の好むところ下これより甚しきはなしといふことになつて、上下相率ゐて、消極的になるやうなことになる處は充分にあるのだ。

も一つの理由は、滿洲ではこの責任の明かにされない根本的な政治的理由がありはせぬかといふことで、賞罰を明かにし、責任主義を確立するため猛省をすることが、建國九年の滿洲政治に要請せられてゐるやうに思ふが如何。

人を働かせるには、責任をもたせることであり、愉快に、進んで仕事をさせる工夫が根本であり、この自主性がない限りとても永い目の成功や、大きい面の効果はあがらぬといふことを忘れてはならない。（六，一，二一）

第八十章

「東亞の新秩序」といふことは、いまはもはや一つの通りことばになつてきた。誰も彼も口をひらけばすなはち「東亞の新秩序」といふ。

まさに「八紘一宇」につぐ位の標語になつたかのやうである。

しかるに、この「新秩序」なることばの意味・內容にいたつてはまだ〳〵きはめてぼんやりしたことしか、理解されてゐないやうに思ふがどうか。

そも〳〵この「新秩序」といふことばは、そのまへに、支那事變の進展とともに、事變の目的・性格などについて、だん〳〵反省した結果が、これははじめから日本が聲明してゐるやうに、決して帝國主義的侵略戰爭ではない、東洋人の東洋をつくるためだ、さうしてそのためには、東洋諸國家、とくに支那と日本、むしろ漢民族と日本民族とは、古來の歷史・文化の關係、政治地理的な關係からいつても、たがひに相助けて、一つの民族的協同組織をつくるべきだといふ、かの「東亞協同體」論が盛になつてゐたときに、近衞聲明で「新秩序」といふことをいひ出し、一方では、「「協同體」」論が民族主義に立脚してゐることに對する批判が起つて、これを壓迫したといつては語弊があるかも知れぬが「新秩序」といふことばを、いはゞ半公式の用語にしたやうな形になつて、かくは今日の流行語になつてきたものなのだ。

「協同體」論の理論的基礎の中には、民族主義や、社會主義的要求のあることは爭へないだらうが、しかしそれは、大亞細亞主義とか、亞細亞聯盟とか、東亞聯邦とか從來人口に膾炙し、内容もある程度理解されてゐた思想とつながり、唯それに新しい理論的基礎を與へ、いひあらはしかたをかへたものであつて、一般人にはむしろ親しみやすいことばであつたのだ。

それを近衞聲明は突如として「新秩序」といふあたらしい用語をなげつけたので、目新しさはあり、一つのヒットだとは思はれるが、この一見はなはだ明白なことばの内容については、政府當局も、ジャーナリストも、その後一向に説明もしなければ、理論的展開も試みないものであるから、人々はたゞ「新秩序」「新秩序」とあうむの如くにくりかへすだけで、さつぱり思想的に明確な目標として結晶もせず、したがつて、しつかりした力となつて來ないのではないか。

新秩序といふからには舊秩序の批判を含むにちがひない。

批判の對象として、第一にあげらるるべきは、まづ、舊支那政府の排日であり、歐米依存である。

排日と歐米依存、さらに聯ソ容共をやめて、親日提携・東亞協同の新體制をとるといふことは、今日日支兩國の一つの目標になつてゐるので、これは常識である。

この常識が新秩序の一つの基礎であるのに、何だか新秩序といふことばがからつぽに聞えるのは一體どういふわけか。

もちろん新秩序の理論的・歴史的・政治的・經濟的基礎といふやうなものの體系的說明もないし、またそれの實現の具體的方法についても、ほとんど說かれないといふことも、一般人に親しみがうすく、何だか空念佛のやうに聞える一つの原因かも知れない。

しかし「新秩序」といふ、たいへん簡明な、便利なことばが、それほどピンと來ないのには、別に一つのわけがありはせぬか。

つまり「新秩序」はもつとズバリとそのづぼしをつくべきだのに、まはりくどいこと、何かぼんやりしたことを指すやうな、一種のカムフラージュ的な感を與へてゐるところに、折角の標語の價値と力とを失はせてゐるわけがあるのではないか。

「新秩序」とは、支那からヨーロツパの不當勢力を追つぱらふことなんだ。

何を措いても支那からあの不都合な「租界」をとりのけることなんだ。

「租界」をそのまゝにしておいて、新秩序だなどと叫んでみても、誰の耳にも、けつしてピンとひゞかぬといふことはむしろ當然すぎるではないか。（七、一、二三）

第八十一章

ある人は滿洲國には政治がないといつた。

これはもちろん、國事をうれへる批判的なことばとして、すなはち、ほんたうの意味のよき政治が行はれてゐないといふことをいつたものと解すべく、形式論的に、いはゆる「政治」がないといつたなどと揚げ足をとるべきではない。

よい政治とか、眞の政治とかいふものが、しからばどんなものであるか、といふことになると、これまた議論をすればきりのないことであるが、現在の滿洲についていふならば、國民大衆の生活に卽すること、將來への影響をかんがへること、民心の動向とその發展の傾向を注意することなどに、もつと〳〵意を用ひる必要があるといふことには、だれでも異存はないであらう。

昨年來政策の轉換だとか、民生の安定向上だとかいふやうなことが叫ばれ、豫算面などでは、幾分かその方への努力がうかがはれるやうであるが、政府のほんたうの力が、はたしてその方向へどれほど向つてゐるかといふことは、まだはつきりしないといつてよいのではないか。

滿洲國の政府は、いまはたしてどちらを向いてゐるか。

滿洲か東京か。

日滿不可分であるから、あらゆる意味において日本のことを考へねばならぬのはいふまでもないが、ともすると四千萬人の國民を忘れてゐるのではないかとさへ疑はれるやうな氣がするのだ。

なるほど五ケ年計畫は日滿のため、東亞新秩序のため、まことに重要國策である。

物動計畫もまたきはめて大切なことである。

開拓政策のこの國の將來にとつて重大なることもいふまでもない。

ところが、これらの重要國策があまりにも、目前的に考へられ、日本的もしくは日本人本位的に取り扱はれて、他民族とくに漢人たちのことがともすると忘れられさうなのである。

それは、それらの政策の遂行上におきるいろ〳〵な利害關係においてだけでない。

かういふ、いはゆる三大國策に專念するのあまり、他の重大なる政治の面が、やゝともするとおろそかにされ勝ちなのだ。

「いやそんなことはない、大いに民生を重んじ教育を振興することにつとめつゝある。」といふかも知れぬ。

さうしてそれはまさに事實であるが、いはゆる政治といふものは、たゞいろ〳〵なことをあれやこれやとやるばかりが能ではないだらう。

誰かがいつたやうに、滿洲では何でもかでも、いろ〳〵な計畫が出てくるとハオ、ハオといつて「要綱・方針・要領」を通過させてしまつて、一つとして「それはいけない。」とか、それは時機尙早だとかいつて、やめになるものがないといふやうな傾向がたしかにあるのだ。

イエスばかりあつてノーのない政治といふやうなものはあり得ないやうに思ふが、滿洲國ではめつたにこのノーがないのではないか。

いろ〳〵の方面のお役人たちが、何やかやと考へては要綱・方針・要領と立派な案さへつくつてゆけば、時機も、民度も、その全體的效果、民族統治の將來性といふやうなことも深く檢討されずに、ハオ、ハオでどん〳〵制度になつたり、法律になつたりしつゝある實情ではないか。

その近來一番大きな問題は「人民總服役制」だらう。

近代國家といふか、全體主義國家の制度として、いかにも理論的には、理想的制度ではあらうが、それは現實の滿洲國といふもの、その國民の民度・意識などを考へてみたら、いかに急進的な大冒険だかといふことは誰にもわかりさうなものである。

しかし、これに對する政府部內の議論の內容もさつぱり聞えぬし、それが發表されても、滿洲國といふ社會には、言論も批判もないのであるか、何の反響も起きなかつたといふことは單にさびしいだけでなく、實におそろしいことではあるまいか。

輿論も批判もない社會で政治をやる人々はそれこそ夙夜に猛省してもらひたいものである。

（七、一、二三）

第八十二章

病院の繁榮が、いかに社會理想と反するものかなどといふことは、あらたまつていふもやぼな話であるが、ひとたび市立醫院とか、滿鐵醫院とかを訪れた人達は、これらの大病院が、大入超滿員で、押すな〱の盛況を呈してゐるのに、いまさらに、おどろきかつなげくことであらう。

新京の日本人人口當りにどのくらゐのベツトがあるのか知らぬが、公私立大小の病院がどれもこれも超滿員である外に、「外來」患者が各科とも文字通り殺到してゐて、なか〱診察の番が廻つて來ないといふ實情は、知る人ぞ知る。

ある滿人がいつたことだが日本人の病院につめかけてゐる數は何としても、日本人總人口に比し、滿人よりずつと多いやうだ、民度が高くて新京病院などへ通ふ割合が多いだらうといふことを割引して考へても、どうも病人が多すぎはせぬかと。

これは日本人たちの心から猛省を要することではないか。

さうしてこのことは單に新京や、奉天・ハルピンなどの大都會におけるサラリーマン社會だけの現象でなくて、開拓民たちの世界にも、同樣な傾向が見られるといふにいたつては、まことにゆゝしいことではないか。

最近北滿の某移民地區を廻り、とくに某青少年義勇隊訓練所をしたしく視察して來たある權威者の話を聞いても、開拓民の保健狀況は決してよくないやうだ。

いろ〳〵な病氣があり、ことに胸の病もすくなくないといふ。

これまでは移民問題とさへいへば、まづ經濟的な、經營採算の方面が强調されてゐたやうであるが、この新天地に根をおろすには、何といつても、健康が第一なことといふまでもない。

都會と農村とを通じて、日本人の健康問題は、今日最も意を用ひねばならぬ急務である。

いま滿洲では一部の人々の間で、いはゆる民族問題が眞劍に考へられてゐるといふが、それはおそらく民族協和とか、民族統治とかいふ見地から、日本人以外の民族、それも主としてまづ蒙古民族とか、朝鮮民族とかの、いはゆる少數民族を研究の對象としてゐるのではないかとも思ふが、それらの研究對策もとより可であり、必要でもあるが、さらに考へなければならぬ根本問題は、大陸日本人の問題だ。

日本人がこの土地を植民地として、單なる出かせぎ地とするのでなくて、こゝに新しい生活の據點をつくり、定着永住するといふならば、さうしてそれ以外に眞に民族協和の中心指導力となり、新文化を創造する途がないとするならば、大陸日本人の生物學的・心理學的・道義的根柢をしつかり築きあげることこそ、最も根本的な要務ではないか。

現在の滿洲日本人は、單に生理的健康においてうれふべきものがあるだけではない。精神的・道義的な强さにおいても、恐るべき傾向のきざしがありはせぬか、と思はれるのである。

試みに阿片癮者の救療所を調べてみるがよい。

その中には多數の滿人とともに、必ず可なりな數の日本人がをるだらう。

しかもそれは例外なしにヘロインとかモヒの中毒だ。

さうして彼らは折角治療をうけて全快退院しても、まもなくまたやつてくるのである。

ひどいのになると五回位もくりかへして歸つてくる者があるといふ。

もちろんこれらは、主として、あはれむべき淪落の女たちである。

しかし、それはちまたの夜に開く悪の花のなれのはてのことであつて、一般健全な滿洲日本人のかゝはり知ることではないなどと思つたら大まちがひだ。

監獄や病院のお世話にならぬだけで、精神や肉體の病氣になつてゐる、またはなりさうな日本人が甚だ多いといふことは、お互が眞劍に考へねばならぬところである。

日本人はこの大陸に、いたづらに墓場をつくりに來てゐるのではない。民族生命の消耗のために來てゐるのではなくて、ほんたうの大陸日本建設のためだとするならば、われ〳〵は今日において猛然として反省工夫すべきではないか。（七，一，二四）

第八十三章

滿洲社會の特色は、あらゆる方面に認めることができる。

政治でも、經濟でも、一般社會でも、いろ〳〵な意味で、この國の特殊性があるが、そのうちの著しい一つは、すべてが新しいといふことだ。

いひかへればどの方面にも傳統や、ゆきがゝりが少いといふことだ。

あるひはこれを「さま〴〵な傳統やゆきがゝりにとらはれたり、かまけたりしないで、ひたむきに目的・理想の追求につとめることができるのがこの國の一つの特色だ。」といつた方が正しいかもしれない。

なぜならばこの比較的新しい社會であり、文化の低い世界である滿洲といへども、いろ〳〵な歷史もあり、傳統もあることはいなめないのだが、それらをあるひは無視したり、あるひは輕んじて、新しい理想目標にむかつて、新しい素材と方法とでもつて、新しい文化を創造してゆくことが、建國の目的であり意味であるとともに、そのことが比較的らくにできるといふことが、實情だといつてさしつかへないからだ。

さうしてこの傳統の力弱いといふことは、いはゆる文化財の蓄積の貧弱なこと、社會的遺産のいふに足るほどのもののないことを物語るのであるが、このことはまた社會的には、どの方面にも有力な老人がすくないといふことの結果だともいへるのである。

だから滿洲社會のも一つの特色は、老人のすくないといふことだといつてよい。

とくにこの國の文化を指導しつゝある日本人の間では、政治・經濟その他の社會の活動面に老人のすくないのはもちろんのこと、家庭にさへも老人はきはめてまれなのである。

さうしてこの老人がすくないといふことは、社會においても、家庭においても、いろ〳〵な結果を生じつゝあるやうだ。

社會の活動面に老人のすくないことは、一般に活氣をみなぎらせ、仕事が手つとり早く進むといふやうな傾向を强める一面、おちつきがなく、見透しが淺く、せつかちで功をあせり、何でも机上論・抽象論の論理主義でかたづけ、經驗とか、人情とか、とくに歷史における時間の作用や、非論理性の力といつたやうなことを無視するといふよりは、むしろ考へ及ばぬといふ實情にあるのだ。

これがこの國が一面において、實にめざましい活動をつゞけ、中央政府、またはある政治經濟の部面において、驚くべき變貌變質をとげてゐながら、他の面においては、その變化や成長がきはめてすくなく、すこし大げさにいふならば、ほとんど建國前の昔のまゝといつてもよい部面がすくなくないといふやうなことの一つの大きな理由だといつていゝ。

家庭における老人の缺乏は、いはゆる植民地風景といふか、植民社會の基調をなすもので一應さけがたいことではあるが、日本人の子供たちの堅實な情操・品位などを養ふ上に、可なり大きなハンディキヤップをつくつてゐることは爭へまい。

この家庭教育における弱點を、學校でおぎなつてくれといふのは無理な注文ではあるが、しかし教育者はもちろんのこと、日本人中の指導者たちは、かういふ點にも充分注意してもらひたいものである。

社會面における若氣のいたりについては、いはゆる「三年たてば三つになる。」で、年々經驗をかさねていくにつれ、だん／＼とかしこくも、巧者にもなつてゆくから、ひどく心配するにも及ばぬだらう。

しかし、ならうことなら、とりかへしのつかぬ失敗などは、はじめから避けるにこしたことはない。

それには、この國における稀な老先輩たちが、もつと〱積極的に發言したり、リードしたりすることを要望せざるを得ぬ。

數多いとはいへぬけれども、官廳にも會社にも、それこそ功成り名遂げた底の閣下連中があるのだから、これらの人々が、眞劍になつてくれることが大切なのだ。

年に不足もなく、經驗もありまた貫祿からいつても、各方面に相當押しのきく人たちがあるのに、その存在が一向にはつきりしないのは、ひどく物足りない感があるのではないか、日系老先輩の奮起を切望にたへぬ。（七，一，二五）

第八十四章

郵船淺間丸事件――日本國からわづか二十三浬といふ近海において、日本國の汽船がイギリスの軍艦に抑留臨検せられ、日本政府として明かに反對を表明してある交戰國人の引渡を要求し、二十一名の現役軍人にあらざるドイツ人を拉致したといふことは、イギリスの日本に對する態度の本質を明かにするものとして、われ〳〵は十二分の考慮をはらふ必要がある。

日本國民がイギリスのかくのごとき態度に憤激するのはあたりまへであるし、政府や各政黨なども、大いに緊張してゐるのはもつとものことだ。

しかしこゝに一言したいのは、由來日本人の常として何か事件が起ると、その時はひどく興奮するけれども、それが長つゞきせず、いつのまにか何等の目的も達成せぬうちに、うやむやになり、やがては忘れてしまふといふいつもの傳に終らないやうにしてほしいといふことだ。

さうして怒るならばほんたうに怒れ。

一時カツとなつてゲンコツをふり上げておきながら、いつのまにか、それをそつとおろしたり、はじめはえらさうな啖呵をきつたが、そのうちにぐにやぐにやになるといふやうなことがあつては、結局は外國の侮りをうけることになるのを忘れてはならぬ。

外交交渉のことは一つ政府にまかせるとして、一般國民は、つまらぬところに力こぶを入れてヒステリイみたいに一時的發作的に、へたくそなデモンストレーションなどやるよりは、じつと反省して、何故にイギリスがかくも人もなげなふるまひをするのか、といふことを考へようではないか。

われわれはいま、東亞の盟主だと自任してゐるのだし、また將來は東洋の中心勢力として、東洋の解放または東洋の自主權恢復の原動力とならうとしてゐるのだ。

しかるにその東洋勢力の中心たる日本に對して、世界の大どろぼうたるイギリスはその心底において何と考へてゐるかといふことは、何も今度の淺間丸事件ではじめてわかつたことではないのだ。

支那事變以來各地で起つたかずかずの事件ことごとく、イギリスの對日評價の帳尻を示さぬものとてはない。

印度といふ、それこそイギリス帝國の生命線をさゝへるための豫防線として、支那における權益を擁護するための死にもの狂ひの努力には違ひないけれど、もと〳〵日本といふものをみくびつてのことにほかならないのだ。

そんなら、なぜイギリスはかうも日本をみくびり、ふみつけるのか。

彼の力と日本の力とをくらべて斷じて勝味ありと考へてのことか。

その領土が世界の四分の一にも及んでをり、貿易商が日本の數倍に達し、その國富が世界に冠たるものがあるとしても、決して日本を敵にまはして戰ふなどといふ力もなければ勇氣も、もつてゐるわけではないことは知れてゐる。

それでゐてなほかつ、いつもあの手この手で、日本を制肘したり、輕侮したりするのは何故か。

それは要するに日本の恐英心理をもつともよくつかんでゐるからだ。

早い話が渡部船長のごときも何故イギリス軍艦の要求にたやすく應じたのか。

渡部船長だけを責めるのは酷だといふよりも、日本人としてはむしろ卑怯であり、恥しらずではないか。

渡部船長と同じ立場に立つたとき同樣な措置をとる者が、すくなくとも外國へ出てゐる人たちには多いだらうと思はれるのだ。

日本の上層部の拝英とか恐英とかの傾向の噂は高いが、われ〳〵は何よりもまづ、この恐英心理の清算をせねばならぬ。

それにはどうしてもイギリスを恐れる必要のない、實力と心構へとをつくる必要がある。支那におけるイギリス租界をおつぱらひ、香港をたゝきつぶすだけの覺悟と用意となくしてワイ〳〵騒ぐだけでは、侮りをますだけだ。

くりかへしていふが、からさわぎをやめて國力の充實に專念しようではないか。

新秩序の根本命題は東洋からイギリスの不當勢力を追つぱらふことよりほかにあり得ぬ、といふことを東洋人は銘記せねばならぬ。（七，一，二六）

第八十五章

教育と教師とが不可分なことはいふまでもない。

だから教育を振興するといふことは當然に教師を優遇しその素質を向上せしめ、優秀な教師を多くするといふことを前提としなければならない。

ところが教育の振興はどこの國でも、多くはそのかけ聲ばかり大きくて、そのもつともかんじんな、教師の優遇といふことは、ともするとおろそかにされ勝である。

教育の普及してゐること、その盛なることと世界第一と自他ともに許す日本でも、このことは御多分にもれず、いろ〳〵と工夫はされてゐるが、今や初等教育は、教師の側からみて、一つの危機に立つてゐるといつてもいひすぎではない、といふ實情にある。

すなはち師範學校の入學志願者はへる一方であるし、有爲な青年教師はどん〳〵轉職するといふ有様である。

そこで現在では初等學校は女の先生がだん〳〵ふえて、ほとんど三分の一から、ところによつては二分の一近い數が女教師といふやうになつてゐる。

この教師難は滿洲ではさらにひどいので、昨年七月から教師を官吏とし、待遇も改善されたのであるけれども、それは從來のあまりにもみじめな地位を確立し、増俸をしたといふにとゞまり、決して充分なものではなかつた。

しかも待遇は絶對額だけの問題でなくて、他の職業との比較相對の關係といふことが大切なのだが、今日の滿洲國では、一般行政官や、とくに特殊會社の職員の俸給が、時勢の波にのつて、どし〳〵昇給せられ、その初任給も、學校教師とは比較にならぬほど高いので、昨年せつかく教師の待遇改善をやつたにかゝはらず、教師難は一向に緩和せられない有様だといふ。

とくにいちじるしい現象は、初等教育の中堅者を養成する師道學校の入學志願者――國民高等學校三年修了者――が全國おしなべて、單に募集人員に及ばぬといふくらゐでなく、半數にもみたぬところもあるといふ實情だ。

これについては、中央・地方の當局においてそれ〴〵對策もあることとならんが、そのひとつとして、誰でも考へることは、この人材難の今日のことだ、教育界にもつと女子を入れたうどらだ、女教師をうんとふやしては如何といふことである。

ところが今日の滿洲では、都會地ではもはやかなりの女教師が入つてゐるので、ある地方では、すでに女教師の飽和狀態をみてゐるくらゐだといふ。

そこで今後は女教師をもつとゐなかの農村にまで送り出さねばならぬといふことになるのだが、現在の民度・交通その他の關係からして、中等教育をうけた女子を農村に送ることは、いろ〳〵な社會的關係や、女子知識者の心理・人情などからいつて、なか〳〵むづかしからうといふことは一つの常識であつて、そのためにこそすでに都會地における女教師飽和狀態の出現とはなつてゐるのだ。

しかるにこゝに女教師の農村進出には、日本人上層部の人達には思ひもよらぬ事情も伏在するといふことを忘れてはならぬ。

それは若い有識婦女が農村へ行くことは、單に不便とか、都會生活への執着とかいふことのほかに、彼女らの貞操の危險といふことがあるのだ。

しかもそれは、彼女らを保護すべき××××や××などの方からの危險だといふにいたつては、この國のほんとのすがたを、まざ〳〵と見せつけられる氣がするではないか。

人目のすくない農村へ配屬した若い女の先生は×××や××や××その他の有力者からひど

い目にあはされる例が實に多いといふ。

さん〴〵な目にあはされ、よつぽどよいのがいはゆる×××ぐらゐにをさめてもらふことだといふのでは、女教師を農村に送るといふことが、當分單なる空想にすぎないといつてもさしつかへあるまい。

中央の大官たちは、かういふことにも、充分意を用ひていたづらに形式的な報告や「かくあるべき」ことのみを考へることなく、現實をまつすぐにみつめてもらひたいものである。

すべては現實の認識からはじまるのだ。（七、一、二七）

第八十六章

ある小學校では、生徒の晝べんたうの時間に、その受持の教師が、一緒に食事をとらずに、生徒だけの勝手にまかせてゐるものもあるとか聞いた。

學校、とくに小學校が單なる知識の切り賣りをするところでなくて、生徒の全人格をねり上げる道場たるべきだといふことは、いふまでもないことだらう。

さうすれば、食事のごとき、生活の最も基本的な行事に際して、教師が生徒と一緒に食べ、その食べかた、食物に對する知識や考へかた、さらに廣くは食物と人生、食糧問題の常識などをあるひは實踐で示し、あるひは話してきかせるといふやうなことは必要でもあるし、當然なすべきことではないか。

大ていの小學校では、おひるべんたうの時間は、師弟一緒になつて、樂しく語り合ふことになつてゐると思ふが、しかし教師たちの食物や食事に對する考へかたや態度は、多くはきはめて無雜作な、よいかげんなものではあるまいか。

教育の實際化だとか、現實生活と學校教育とをむすびつけよとか、說かれるけれども、生活の基本であり、生命のもとである食物及び食事について、今日の學校がはたして眞劍にかつ適實に、工夫し指導してゐるや否やは疑はしいやうだ。

この頃食糧問題がやかましくなつてきたので、この方面からいろ〳〵と注意して、生徒にも知識だけでなく、實踐問題として指導してゐる學校や先生方もすくなくないやうだが、まだまだ單なる經濟問題としての範圍を出てゐないだらう。

ところがこの食事こそは、人間にとつて、經濟の問題であるよりはむしろ生命の問題、健康の基本問題であるとともに、さらにこれは道義の問題なのである。

いろ〳〵な修身のお話も、もちろん大切であり、けつこうであるが、食物・食事の指導は、修身のお話の根本になるべきものなのだ。

まづ何を食べるかといふことは、決して、米が不足だから雜食・混食もしくは代用食をやるなどといふ單なる經濟の應急對策の問題ではなくして、それは實に保健の問題であり、精神の基本問題なのだ。

人間のみならず、およそ生物はその食物の如何によつて、健康がいちじるしく左右される。

今日の日本人の體位低下の主要原因が、白米食・砂糖過食その他日本人の食物の傳統を破つたことにあることは爭はれないところだ。

しかも、この體位の低下は、必ず精神的な不健全をもともなつてゐるのだ。意思の薄弱、持久力の減退、正義感の消耗、その他おそるべき道義的頽廢をまねきつゝあることは、心ある人々の氣づいてゐるところである。

學校の先生は、何よりも先づ、生活の指導者でなければならぬ。人生をどう考へ、如何に生きるかといふ、根本的な人生指導者となることが教師なる者の第一要件だらうと思ふ。

すでにでき上つてゐる社會のいろ〳〵な事件の知識をさづけるといふことも必要にはちがひないが、それにはおのづから限度がある。

知識などは教へきれるものではない。

生活の態度・方法が根本だ。

さうして、食事及び食事のしかたといふことはこの人間の生きてゆく上の最も大事な、根本的なことであるから、學校ではとくにこの點に力をいれてもらひたいものだ。

食物や食事のことは、健康館や、校醫などにたよつてをるべきことではない。報恩感謝の念などといふ、道徳の基本についても、食事に際し、食事を通じて、ほんたうに天地自然に感謝し、農民その他の生産者に對して、感謝するといふやうに指導すべきではあるまいか。

何を、如何に、食ふべきかといふことは、教育ことに初等教育の中心問題の一つとして先づ諸先生方御自身の研究と、工夫と實踐とを要望したい。

とくに大陸日本人をつくるべき滿洲の先生方の眞劍なる努力を祈る次第である。

（七，一，二八）

第八十七章

日滿不可分關係の强化とか、大陸日本の建設とかいふことは、現に行はれつゝあるし、またます〳〵つとめねばならぬ。

さうして、そのための方法は、もとよりいろ〳〵あるが、大ざつぱに引きくるめていへば、四つになるだらう。

その一つは國防の共同で、皇軍がこの國に駐屯して、この國の國防の主力となつてゐることにあること、いまさらいふまでもなく、皇軍のこの國における地位は、いはゆる駐兵權にもとづく駐屯――たとへていへば北支那とか、上海などにおいて從來日本軍やヨーロッパ、アメリカなどの軍兵が駐屯してゐるのとは、まつたくその本質をことにしてゐるので、これを「駐屯」といふことばであらはすのは、適當ではないとさへ思はれるくらゐだ。

その二は經濟關係一般で、今では、生産も、配給も、日常生活品も、基礎産業用品も、何もかも、日滿の關係は不可分になりつゝある。

いはゆる「物動計畫」のごときも、日滿一體として計畫せられ、運用せられつゝあるし、また今後はいよ〳〵その度を強めるだらう。

第三には國民の構成――人の方面における不可分一體で、日本人が、どし〳〵とこの國に移り住んで、日本帝國臣民たる地位を保持しつゝ、同時に滿洲國の指導的・中核的構成分子――滿洲國人民となることがその根本であるが、このための一番本質的な、強力な部門が、いはゆる開拓民の來住である。

農業開拓民がもつとも根強い力をもつべきであるし、國策としてももつとも力を入れてゐるのであるが、その他の一般産業人――技術と事務とのいづれを問はず――や、官吏や技師の來住も、日滿不可分の人的くさびとしては、まことに大切なものである。

いま一つは、思想的不可分關係だらう。

ところで一德一心といふやうな一つの公式的用語は、立派ではあるが、やゝともすると、まことに無内容な、から念佛になるおそれがあるので、日滿の思想的・理念的不可分といふことは、理論として、體系としての共通の思想といふよりは、まことの日本精神をこの國の青少年に實踐を通じて普及させることにつとめねばならぬ。

とくに正しい人生觀と生活態度とをこの國の次の時代をかたちづくる者たちにしみこませ、うちこむことを努力しなければならない。

滿洲國の教育が、他のもろ〳〵の國における教育とはちがつた任務をもち、特色をもつとすれば、實にこの點にあるといはねばならぬ。

そこで教育の根本方針は「訪日宣詔」の精神にもとづき、日滿不可分一體を强化するにあると說かれるわけであるが、いふはやすく行ふはかたしといふことのあてはまること、これ以上のことがらはすくなからう。

日系官吏も、その指導者たちも、日系教師たちも、日夜に胸に手をおいて、反省し、沈思して、その行ふところを考へないと、いはゞあひるの卵をかへしたにはとりみたいな目にあふといふおそれが、決してないとはいへないのである。

それにしても、この教育の第一線にたち、一番大切な任務をもつてゐる日系の各級の教師諸先生に對する日滿兩國政府の態度は、あらゆる意味において、はなはだ物足らぬものがありはしないか。

第一にこの大切な教育者の人選採用その他人事のとり扱ひが、おそまつであり不充分ではないか。

次にこれらの先生方にほんたうにこの國の精神的指導者として働いてもらふための用意にかけるところがありはせぬか。

早い話が、日系教師の住宅について中央・各省・縣などで、はたしてその行政官吏なみ位に氣をくばり、親切に世話をしてゐるかどうか。

教育者は行政官とちがつて、二年や三年で轉々かはつてゐては、ちつとも仕事はできないので、できれば一生ひとところでつとめるくらゐでなければならぬのだ。

それには、何といつても、まづ安んじて住みうる住宅がいることといふまでもない。

しかるに從來の滿洲國では、中央・地方ともにこの點に思ひをいたすことまことに不充分であつたといつてよい。

教師の待遇改善や優遇もよいが、何よりも落ちついて住まへるやうな住宅を行政官よりも優先的に考慮することが急務である。（七、一、三〇）

第八十八章

日本は世界一の結核病國だといはれる。

結核で死ぬものが毎年十二萬人もあるさうだ。

さうしてそれの大部分が青壯年だといふにいたつては、惜しいとも、悲しいとも、實にいふことばがないではないか。

そも〳〵この原因はどこにあるのか。

大ざつぱにいつて、國民の生活程度は明治年代より向上したことは明かである。

國民教育の普及したこと、いはゆる體育が盛になつたこと、ラヂオ體操だけでも何百萬人に行はれるやうになつたこと、衞生思想の普及や、衞生施設の充實し、病院がふえ、醫者がふえたことも、明治年間にくらべれば、それこそ格段のものありといつてよいだらう。

しかるに國民の體位はさがり、結核患者や死亡者がふえるといふのであれば、われ〳〵は、サナトリウムの增設などの他に深く考慮をめぐらさねばなるまい。

今の日本人の健康の問題について、何としても考へねばならぬのは、國民食である。榮養學や醫學の進歩にもかゝはらず、またそれの實地應用にもかゝはらず、病人がへらず、結核患者がすくなくならぬ、といふことの一因として考へられるのは、日本人が傳統食を忘れ模倣食・えせ榮養食にうつつたことではないかといふことである。

ところで滿洲日本人の健康狀態はどうか。

滿鐵の從業員の健康調査や、皇軍の保健狀況などについて正確な報告をきいたわけではないけれども、どうも胸を病む青年の多いことだけは事實らしい。

軍隊でも、一口にいつていはゆる肺を患ふ兵士の數が、內地にくらべてずつと多いといふやうにきいてゐる。

健康な青年をよりぬいて採用する滿鐵社員や、嚴格な檢査に合格した兵隊さんが、內地におけるよりも多く肺を病むとすると、これはさきにいつた食養の問題とともに、さらに考へねばならぬことがあるといふことになる。

「滿洲は寒いから肺にわるい。」などといふのはまことにとるにたらぬ常識論といふよりは愚論である。

なぜといつて、スヰスあたりでは、重い結核患者を、身體こそ毛布にくるまつてベツドに横になつてゐるが、首から上はまるで寒い外氣にむき出しで、雪のふりかゝるのさへまかせておくといふやうな療法がとられてゐるし、滿洲でも遠藤博士の指導せられる小平島その他の療養所では、寒さといふことをちつとも苦にしないといふことでもわかるだらう。

寒いとか、氣溫が低いとかいふことは直接には絕對に肺病の原因ではないのだ。

わるいのは寒いからといつて、室をしめきつて、空氣のよごれるのにまかせたり、小さい室に多人數とぢこもつて、外出しないといふやうなことだ。

それから、冬の間むやみと室溫を上げて、戶外はマイナス卄何度といふのに室內はプラスの二十度から二十五度、ひどいのになると三十度近いといふやうなめちやなことをすることも皮膚を弱くし、また室の內外の氣溫の差から風邪になる大きな原因だ。

この冬は石炭節約から、大分低溫生活が行はれて今までのやうなばか〱しい室內の高溫はなくなつたと思ふが、それでも汽車にのると、相かはらず、華氏の八十度近いことがあつたり宿にとまると、あつくてとても眠れぬやうな室溫のところもある。

大陸日本人は、食物の問題とともに、溫度のことを考へねばならぬが、とくに新鮮な空氣といふものが、いかにお互の生命に大切なものであるかといふことを自覺し、今日唯今より新鮮な空氣を充分にとるといふ生活を實踐しなければならぬ。

食物と空氣、これはこれお互の生命の根元ではないか。

日本人は從來あまりにめぐまれた環境に育つたために、この大切なものについてはなはだ不注意であつたのだが、いまこそ目をさますべきときである。（七，一，三〇）

第八十九章

北満でひろつた話。

一、二年まへのこと、ある町へ流れてきた日本人の刀研ぎ職人が、すつかり貧乏してゐたところ、さるえらい人にその軍刀をといで近づきになり、ひどく金に困つてゐることを話したら、それではといつてある地方の清掃伐採の命令書を下げてもらつた。

そこでその研師はその書附をもつて某地にゆき、そこの林業家にその書附を五萬圓とかで賣りつけようとしたが、けつきよく一萬圓ではなしがつき、無一文からたちまち一萬圓の成金になり、今では獵銃かついできじうちとかにその日をおくつてゐるといふ。

さうしてこの書附を買つた林業家は、この權利（?）でもつて十五萬圓はまうける見込ださうだ。

話の眞僞はもとより保證の限りではない。

北満で實際見た話。

ある宿屋——今はおしもおされもせぬその土地第一の大旅館を營んでゐるその主人夫婦は、わづか四年前に、金五十圓也をふところにして、何のあてもなしにやつて來たが、つひくひつめてその日のくらしに困り、町の苦力からまんとうをもらつてやつと飢をしのいだといふみぢめさであつたが、ちひさな、きたない滿人家屋を借り入れて、そこで宿屋をはじめたところ、その土地の急激な發展とともに、大當りにあたつて、とん／＼拍子にまうかり、新築・增築と、大したものになり、今でもやつぱり苦力をやつてゐるそのかみの恩人滿人には、とき／＼一圓・二圓と小使錢をやる身分となつてゐる。

都會の日本人は、もちろん貧しくて困つてゐる者もあるけれども、何かはたらきのある者は金まうけにことかゝぬらしいが、新入りの開拓民は、何よりも金に困つてゐるらしい。

共同經營の時代から部落經營となり、さらに、個人經營といふところまでこぎつけたところが、どうしても滿人——その實は山東支那人——苦力を雇はねば、草とりも、刈入れも、調製も、とてもできるものではない。

そこで、どうしても年工の二人ぐらゐは雇ふ必要があるのだが、近來の勞賃のばか高いことは住みこみ食事つきで一人年三百圓はとられるさうで、常雇ひだけでも六百圓、その他農繁期の臨時雇ひを加へると、この支拂だけでも、なまやさしいものではないが、それ以外にもいろいろとものいりがあることはいふまでもない。

新入植の開拓團の困ることはいろ〳〵とあるべく、また相當困難なことはむしろ當然かもしれぬが、このさしあたり經營上の金に困るといふことは、まことに切實なものであるらしい。その上にもし病氣でもしたら、一體どうなることか。

かういふ金錢經濟上の困難と、都會における金まうけのチャンスのあるらしいことは、いきほひ開拓民の中から、都會生活にすくひをもとめて出てくるものが、何としても、ある程度防ぎえないといふことになることも是非もない。

內地で中等學校でもをへたといふやうな、いはゞ頭や口で少しは世の中へ出られさうな連中は、何とかチャンスさへあらば開拓團を脫落して、月給とりにありつかうとし、またありついてゐる者もすこしはあるさうだ。

それから大工とか左官とか、うでにおぼえのある連中も新開發展の地方都會に出てくる者があるといふのも、うなづける現象ではある。

どんな社會建設にでも、落伍する者や、それる者が出るのは、さけがたいことであるけれども、しかしさういふ者をできるだけすくなくする工夫と努力とは、是非ともやらなければならない。

開拓民をして、できるだけ多く、かたくその土地にむすびつける工夫は、ありとあらゆる方面からやらねばならぬ。

貨幣經濟上の健全なる援助や指導はまづ第一にすべきことだ。

健康指導もすぐにやらねばならぬ。

ことに大事なことは、土地にくらひついてはなれぬといふ生き方・考へ方を早くかためることだ。

さうして開拓團の子供の教育はもつとも根本的な重要事であらう。（七，三，一）

第九十章

生活の基本は衣食住だといふことは誰でも知つてゐる。

大陸日本建設の人柱たるべき、滿洲日本人は、いろ〳〵の面から、その衣食住についての研究や工夫を怠つてゐるとは思へないが、しかしその實際にやつてゐることを見たり、聞いたりすると、あまりに無頓着であつたり、無智であつたり、あるひは無茶なことがあつて、なさけなさを通りこして、腹の立つことすらある。

溫度についての考へ方の如きも、實にあやまつたものがあるのではないか。

冬は寒いから溫くさへすればよいとでもおもつてゐるのか、宿屋なども、單にむやみに高溫にしてゐるのみか、ひどいのになると、二重窓にめばりをして、小窓さへとりつけてないのがある。

列車内の溫度の如きは、溫かさを通りこして暑熱といつてよいくらゐで、華氏八十度以上になつてゐる場合もすくなくない。

ボーイや、乘務員にいつて、あつすぎるからといつても、ちよつと調節するやうな手配はするが、一向に適溫にはならぬ。

聞くところによると、警乘兵たちは、乘務中にゐねむりをすると嚴罰に處せられるとかいふことだが、攝氏の二十五度以上の室溫では、疲れもあるし、眠くならぬならふしぎといふべきだらうに二十八度ぐらゐのことさへめづらしくないのだ。

おそらく統計的調査などはあるまいが、警乘兵や警察官などは、病氣――とくに、肺を患ふ者が、すくなくないだらうと思ふ。

鐵道當局はもちろん、いろ〳〵と苦勞もし、注意もしてゐることと思ふが、このあまりひどい高溫について、すみやかに徹底的に是正の道を講じてほしいものだ。

それは一般乘客のためであるとともに、とくに警乘員たちの保健上の急務である。

一般日本人も、もつと眞劍に生活適溫――健康上とともに生理的・精神的能率上の適度な氣溫について考へ、かつ實行しなければならぬ。

生理的に適當な室溫は攝氏の十六度內外、眠るときは十度ぐらゐといふことは、今日實驗的にも、ほとんど證明され、定說となつてゐるのだから、列車でも、ホテルでも、一般の宿屋や家庭でも、まづこの標準にもとづき、むしろそれより低溫に慣れるやうに、みんなが努力すべきだ。

この乾燥した滿洲の冬に、日本人がかぜをひいて、あをい顏をしてゐるのをみると、なさけなさすぎて、腹がたつてくるのだ。

新鮮な空氣についても、鈍感といふより無感覺な者が多いらしいのも困つたものだ。開拓村などで小さな室に、女子供がちゞこまつてゐる姿をみると、たとへ一時のことであり、あるひは例外だらうと思つても、先のことを考へて心配せざるをえぬ。

食べ物についても、一般日本人はおろか、健康指導の任に當るべき醫者からして、はたしてほんたうに食事の研究をしてゐるかどうか。

ある開拓村の病院長の話に、乳幼兒の死亡率が多いが、これは母親が弱かつたり、姙娠中の榮養がわるいためだと思ふ。

そこで、若い母親たちにうんとうまいもの、榮養になるものを喰へとすゝめてゐる。

ところが、故鄕の村では牛乳などすこしも飮んだことがないから、とてものどを通らぬといふのが多い。

そこで、それも子供のためだからいくらいやでも飲め！　ナムアミダブツと念佛しながらでも飲めといつてすゝめてゐるとのこと。

今では一日に五合ぐらゐのみ、そのため母乳もうんと出て、子供もまる〳〵とふとつてゐるといふことだが、はたしてかういふことがよいものかどうか。

日本人の體質も考へず、食物の傳統も無視して、單なるいはゆる榮養價値だけを考へた食物指導は、將來どんな結果をうむことだらうとけねんにたへない。

滿洲日本人のためには、はやくほんたうの健康指導の原理と指導者とがほしいものだ。

住居についての正しい考へ方・くらし方とともに食養指導は根本的急務だと思ふ。

（七，二，三）

第九十一章

時のはたらきといふものがあらゆる方面において、いかに大きくもまただいじなものであるかといふことはおたがひに充分知つてゐるつもりであるが、やゝともするとこの時間の要素といふものを忘れがちである。

いや、正しくいふなら、忘れてゐるのではないが、つひそれを無視せざるを得ないはめに立たされるのが、いはゆる非常時といふものなんだ。

たとへば、鋼製のいろ〳〵な機材は、いまいくらあつても足りない。

そこで鋼材のありつたけで、どし〳〵つくられる。

さうして出來上つたものは、大げさにいへば、熱がさめて仕上げさへできれば、すぐに實際の使用にあてられるといふありさまだ。

ところが、鋼材や鋼製品も、それができ上つてから、ある時間そのまゝ休ませておくといふと、ほんとにその質がよくなり、もちもよく、性能もよくなるものださうだ。

日本製のある種の鋼製機材がアメリカなどのものにくらべて、もちのわるいものがあるといふのは、需要が急で製品がまにあはず、いきほひ製品をストックとしてやすませておくことができないといふやうなことにも原因があるのだといはれる。

原素には何の變りもない鐵でさへ、時間のはたらきによつて大きなちがひを生ずるのだ。人間のこと、人と人とのつながりや、影響や、考へ方の統一や、仕事の進みかたなどにおいて「時間」といふものの力の大きいことはいふまでもない。

時間の絕對的な威力とか制約とかいふことは、これを知るといなとにかゝはらず、われ〳〵がいや應なしに服從させられるのであるが、その限界以上に、適度な時間のはたらきといふことになると、鋼製品などの場合とおなじく、これを無視しまたは忘れがちである。

政治とか、行政とかいふものは、最も時間のはたらきを重視すべきもので大きな地域にわたつて、非常にたくさんの、しかもいろ〳〵な人達に向つて、ある目的を傳へたり、ある結果を得ようといふには、正確な方法や、充分な準備のほかに、とくに「時間」のことを考慮に入れておかねばならない。

行政の要諦の一つは「タイミング」にあるといつてもさしつかへないだらう。

しかるに、滿洲國では、いろ〳〵な事情から、まことにやむをえぬことなのではあらうが、行政上における「タイミング」といふものが、あらゆる方面で、あらゆる意味においてはなはだしく、無視されてゐるやうに思はれる。

時間のはたらきをまつといふやうなことどころか、絶對必要な時間的制約さへも無視される場合がなくもないやうだ。

「やッつけろ！」式で何とかなることもありはするが、ほんたうに悔いのない、そつのない仕事をするのには、もつと〳〵時間の要素を考慮し尊重することが必要である。

滿洲國の行政でいま一つ忘れられ、もしくは無視されてゐはしないかと思はれるのは、人と人との間柄のことだ。

人は斷じて物ではない。

從つて規劃さへ同じならどんな結合をしても組合せは同じ效果を生むといふわけにゆかぬことはおよそ人事を考へ、すこし世のなかを知つたものの常識である。

ところが滿洲國では、これもまことにやむをえぬわけがあるのだらうが、この人と人との組合せについて、きはめてむとんぢやくといふか、むざうさといふか、すくなくともあまり考へてゐないのではないかと思はれるやうなことがあるやうだ。

まさか人間を物と同じやうに、その規劃ばかり見て——つまり履歴書だけでやつてゐるのではあるまいけれども、局外者から見ると、あまり形式的・外形標準的履歴書人事ぢやないかと思はれるやうな場合がないでもあるまい。

ともあれ、滿洲國では、その政治行政の運用上「時のはたらき」と「人の組み合せ」とについて、もつと〳〵眞劍に考へ善處する要あることを注意しておきたい。（七、二、四）

第九十二章

大陸日本の建設だ、くにつくりだ、などといふけれども、それはまづ觀念上のことで、一つの考へ方や、たとへばなしの域を出ない場合が多いだらう。

しかるに一たび開拓村を實見するに及んで、はじめて、ほんたうにくにつくりといふ實感をもつことができる。

滿洲移民不可能論や至難說のたゞ中に、何と反對があらうとこれをおしきつて、北滿移民政策をうちたて、實行してきた先覺者や關係當局も、えらいが、治安もわるく、土地の事情もわからず、準備に不充分なところへ、非常な決心と熱意とをもつて、はる〴〵入植してきた人たちこそ、天孫民族の壯圖にも比すべき大事業をなした人といふべきだらう。

第八次までの開拓民の入植は、各團によつていろ〳〵の自然的・經濟的・人間的條件のちがひもあり、建設の段階もことなつてをるが、まづどの團も、前途に希望をもちつゝ、新天地の開發にいそしみつゝあるといへるだらう。

もちろん、大小いくたの問題はある。

永い目でもつと深く考へ工夫すべき點はすくなくないだらう。

しかし大局論としては開拓團の将來は、ほんたうに、大陸日本建設の基礎石として大いに期待すべきものがあるといつてよい。

ある開拓村で聞いた話。

まだ團體共同經營をしてゐる數ケ村でA村は團員一人當り月五圓の小遣を與へてゐるが、B村は二圓五十錢、C村は二圓、D村は一圓五十錢で最も少い。

しかもこのD村では、團員に對する個人貸付は唯の一圓もなく、鄕里へ家族招致に歸國するについても準備積立金のほかは少しも貸出をしないでゐるが、毎月の小遣の多い村では、どうも個人貸付も多くなる傾向があるさうだ。

このD村の指導員の一人の言葉に「けつきよく、建設期の開拓團員には、金とひまとがないのが一番よろしい。

金があればつひ遊びに出たくなり、町へ出ればきつとよからぬ氣分と、はづかしい病氣をもつて歸るし、ひまがあれば不平が出るし、共同の力がにぶる。」とあつた。

金とひまとこそ、みなひとの求めてゐる目標であるのだが、ほんたうの生活建設のためには、かへつてそれが毒になるといふことを、はつきり體驗し實證した、といふことはまことにたふといことではないか。

開拓團に限つたことではないが、およそ人間の社會では、その指導者の人格力倆といふものが、いかに全體の力を左右するかといふことは、開拓村において、まざ〱と見うけられるやうだ。

ある開拓村ではその團長が入植まもないころ匪彈にたふれ、出鼻をひどくくぢかれたのみならず、その後の幹部たちに人を得ず、つひに團費のつかひこみがあり、幹部がそろつてひつぱられたといふやうな不祥事件があつたために、いまだに團員の足なみもそろはず、氣合もかゝらぬといふ氣の毒な話をきいた。

またある團では、土地の條件などはあまりよくないが團長がまことに熱意ある努力家で、見識も統制力もあるため、建設上の困難をおしきつて、はりきつてゐるといふことだ。

この團の團長は有名なしつかり者の由で、いつも團員にむかつて「三つのまを大切にせよ」と訓へてゐるさうだ。

第一にはらまを可愛がれ。
第二にはつまを大切にせよ。
第三にはたまを愛護せよといふのだ。

たまといふのは男子の大切な玉のことで、つまらぬ情慾にまけて、惡い病氣などになつてはならぬぞといふ獨身團員に對する親心なのである。

この團長は自分の團員の中に花柳病などにかゝる不心得者があつたら、腹を切るといつてゐるよし。

開拓村で家族招致をやると間もなく、細君連で婦人病にかゝる者がすくなくないといふうはさをきく際、このやうな團長のあることは、心強く思はれる。(七、二、五)

第九十三章

ひところのこと、現地興奮症といふことばがつかはれたことがある。まだ大同年間の、治安もわるく、交通も不便な時代に、新京とか奉天とかの滿洲の中心地をはなれた奥地に、ごく少數の日本人として、組織もとゝのはぬ地方官署にはいつてゐた日系官吏の、新京などへ出てきてのはないきのあらさに對してかう呼んだものだ。

これは新京にをる者が、地方からきた者に對し、やゝもてあつかつた感をあらはすとともに、一面、現地における苦勞を察し、むりもないといふ思ひやりも含めたことばであつた。

そのころのことを思へば、このごろの奥地づとめの如きは、まだひどいところもうんとあるにはあるが、治安といひ、交通といひ、まことに今昔の感にたへぬほど改善されたのみか、いろ〳〵の手當なども、むかしにくらべて、可なりにゆきとゞいてきたといはねばならぬ。

そこでけふびでは、そのかみの現地興奮症が、だん〳〵と見られなくなり、地方の僻地づとめの日系官吏たちの、氣魄や意氣込みといふものが、何だか弱くなつたのではないかとおもはれる。

そのかはり、といつては語弊があるが、奥地の都會などでは、カフエーなどの歡樂場のにぎはつてゐること、まことにすさまじいといふよりほかいひあらはしやうのない有様だといふ。

もちろんこれは官吏だけではなくて、會社員その他もずゐぶん多いさうだが、とにかく若い日系官吏なども決してその中にをらぬといふことはいへない。

大陸日本人青年が、あたら有爲の材をいだきながら、中途で肺病などになつてたふれたり、無念の涙をのみつゝ歸國するもののなかには、もちろん大陸生活について正しい智慧と能度とを缺いてゐたのによるものも多いが、この種のらんばうな、すさんだ生活がもとで心身をいためたものもすくなくないやうだ。

いくら手當をもらつてゐても、あゝいふむちやなことをしては、月給も手當も、すぐにとんでしまひ、たちまちくびもまはらぬやうになりはせぬかと案じるものもある。

かういふ連中の身の上を心配して、早く身をかためさせたらと妻をもたせてみると、借金はしてゐる、病氣はもつてゐる、ふしだらな習慣はついてゐるで、どうもうまくゆかぬといふ例もまれではないといふ。

かういふことは奥地の方ばかりでなく新京や奉天にもめづらしいことではないかもしれぬ。とにかくいまの滿洲國には、ありとあらゆる問題がいつぱいであるが、日本人青年の生活態度の問題、その結果としての心身の健康の問題は、これらが滿人たちにどんな感じを與へ、または影響をおよぼすか、といふことをはなれて、まことに大きな問題の一つだと思ふ。

若いものをどう導くか。

固いことをしかつめらしくいふばかりが能ではない、と粹をきかすはもとよりよいが、ほんたうに親切な氣持で、社會的にも、個人的にも善導の方法を講じてもらひたいものだ。とくに官廳や會社の首腦者たちは、もつと〳〵しんみになつて、その部下青年を導いてもらひたい。

血氣さだまらぬ青年は、迷ひもするし、ふみはづしもするが、親切に導けば、よくついてくるものなのだ。

すこしいひすぎかも知れないが、今日の滿洲國の官廳・會社などの上層者たちには、若い者に對する心からの愛情がかけてゐるといつてわるければ、それがうすいのではないか。

も一つ惡くいへば、仕事は熱心かしらぬが、人間としてその生活態度が、眞劍さ、まじめさを缺いてはゐないか。

その結果として、自分らの後進であり、あとつぎであり、大切な同胞同志である若い部下に對する心づかひが不充分となつてゐるのではないか。

ほんたうの意味で若い者を愛し、導いてもらひたい。

そのためにはえらい人達の自己精進と猛省とを切望したい。（七，二，六）

第九十四章

協和會の本年度工作方針についての、全國省事務長會議の際、中央本部から示された「本年度工作要綱案」の概要として報ぜられたものについて二、三の所感をのべる。

まづ第一に、工作要綱の書きあらはしかたが相かはらず、しかつめらしく、むづかしく、さうして抽象的なのをおぼえる。

省事務長に示すだけなら、かういふむづかしい書きかたでよいかも知れないが、これは同時に全會務職員にも示すものである。さらに會員一般にも知らすべきものであらうから、かういふ根本的な、大事なことは、もつと〳〵わかりよく、やさしく書きあらはすやうにつとめてもらひたいものだ。

「協和會の工作の根本方針だ、理論的にも正確に表現しなければならぬし、さうくだけて書くことはできない。」といふかも知れぬが、大切なことであればあるほど、みんなにわかるやうにやさしくいつてもらひたいものだ。

何もこれは、今度發表された要綱だけについていふのではない。

一般に協和會だけといはず、政府などの發表する文章や談話は、どれもこれも、實にむづかしい、わかりにくいのが多いやうだ。

どんなよいことでも、大切なことでも大衆相手の仕事では、それがみんなにわかるといふことが根本で、けつこうなことらしいが、何だかよくはわからぬといふのでは、政治運動としては、さつぱりねうちがないといふものだらう。

第二に感じるのは、今年度工作の重點を「經濟」の面におくといふ目のつけかたは、もつともであり、よいことと思はれるが、さて實際においてどんなことをするのか、文章のもの〳〵しいのにくらべて、その中味が、あんまりはつきりしないといふことだ。

協和會がどういふことをするか、またすべきかといふことについて、とかくはつきりしないのには、もとよりいろ〳〵なわけがある。

さうしてそれは、この國のくにがらや、たて前や、實際の組織や、國民の程度や、さま〴〵な、しかもさしむきどうにもならぬ根本的な事情に因ることはいふまでもないが、ごく手ぢかな、政府との關係、會務機構及び會務職員と會組織及び會員との關係についてさへも、なか〳〵

そのはたらきの限界がはつきりしないといふことにも、すくなからぬ混雑の原因があるのではないか。

「統制により生起すべき各種の重壓並に摩擦の排除・調整及び實現に即する諸制度の改善促進に重點を置き國民の正しき理解・協力に努め諸制度並に方法の改善育成によつて新經濟體制の確立を期す。」るといふ目標そのものはよいとしても、そのやりかたは、よほど考へないといふと、各種の行政機關との間に、いろ〳〵な摩擦を起すやうなことにもなりかねないのだ。

協和會といつても、いまのところ、國民の全體組織體もしくは國民中の指導者の組織體としての實體はできてゐないので、まづ會組織と會務職員とが協和會の實體といつてよいありさまなのだから、「協和會の政治的機能」といふやうなことをいつてもそれはまことに限定されたものであることを忘れてはならぬ。

さらに協和會がはたらきかける國民大衆のいはゆる民度といふものが、まことにまち〳〵であつて、地域により、階級により、これほど國民の素質に開きの大きい國はあるまい、と思はれるのだが、大體はきはめて低い――いろ〳〵な意味で――といふことをゆめにも忘れぬやうにすべきだ。

それから、協和會はできるだけ政府と同じやうなやりかたをすることをさけねばならぬ。

地方にゆくと、協和會のことを小衙門――シヤオヤアメン――といつてゐるものがあるさうだが、國民大衆の目には、うるさいヤアメンが一つふえた、ぐらゐにうつつてゐるといふことも、充分反省する必要がある。

「協和會」は今日のところ政府や特殊會社や學校やその他の組織でやれないこと、手のまはらぬところに骨を折つてもらひたいものだ。

なかんづく、國民大衆の中にはいりこんで、彼らのほんたうの聲をきくことにつとめてほしいと思ふ。（七、二、七）

第九十五章

聞くところによると、日本內地の師範學校では、今年度の入學志願者がいちじるしくへつて、ひどいのになると、千葉師範のごとくたゞの一人も志願者がないといふのもあり、百名・二百名の定員に對して、十名內外といふみじめな學校もすくなくないといふことだ。

教育は國の基本だなどと政治家や、世の指導者たちが公式的な、儀禮的な演說をしたり、訓示をしてゐるが、それがたとひ口先ばかりのことでなく、誠心誠意の言であるとしても、そのやつてゐることが、國策と政治の實際とがどういふものであるかは、この師範學校入學志願者がまつたくないといふ學校さへあらはれたといふことによつて、もつとも雄辯にものがたられてゐることは疑ないところだ。

教育審議會なども學校の體系や、教育の制度だけをきりはなして、理想論をするにとゞまらないで、もつとひろく、國策全體にわたつて、研究し立案してもらひたいものだ。

たとへば義務教育制を八ケ年に延長するからといつて、たゞちに師範學校を專門學校にするといふやうな機械的な考へかたは、あまりに部分的な、または近視眼的なといふ非難をまぬがれないであらう。

中學を出てあと三ケ年の專門教育を了へたものが、初等學校の正教員だといふたてまへは、なるほど、學校體系の形式からいへばもつともなことであらうが、今日でさへ師範學校入學志願者のない、さうしてすでに師範學校を卒業して、教師の現職にあるものでも若い元氣なものは、何とかして他へ轉職し轉出しようとしてゐるありさまだのに、初等學校の先生になる爲に專門學校へはいらうとするものがはたしてあるだらうか。

「心配には及ばぬ、それだけの待遇をするのだ。」といふかも知れない。

よろしい、中等教育たる師範卒業生の初任給が四十五圓以上であるから、專門學校出となると八十圓以上とでもするがよい。

さうして初等學校教師の平均給を、すくなくとも百五十圓ぐらゐまでひきあげるといふならば、中學校を出て、高等學校や他の專門學校に行くことの出來ない、どちらかといふと、氣力もよわく、能力もおとつた連中が、師範專門學校に向ふことは、期待しうるだらう。

しかしさうなると、今日でさへ教育費とくに教師の俸給費のために、四苦八苦してゐる日本の地方團體の財政はどうするのか。

初等教育費の全額國庫負擔といふ手があるといふかも知れぬ。國庫負擔はそれとして大いに意義もありけつこうな事であるが、それにしても、初等教員の平均給が百圓以上――それでもけつして高すぎはしない――といふ經濟的の事實は日本の今日のほんたうの民度との關係において、はたしてバランスがとれてゐるかどうか。

さらに考へてもらひたいのは、教育者そのものに、一方で充分な待遇をして安心せしめるとともに、他方で教育者たるものがたえず向上し發展しうる刺戟とその道とを、制度としてつくつておくことである。

義務教育が八年制となつても、兒童はやはり一年生から成長するのだから、先生も從來どほり、一年から六年までの擔任者があるはずなんだ。

さうして先生もけつして遊んでゐるわけではないから、五年・六年とやつてゐるうちには、だん〳〵勉强して、七年生でも八年生でも敎へうる實力を自分でも養つてくること、理論上も實際上もいふまでもないことなのだ。

それを「八年制」だから教師養成の師範學校も專門程度にするといふのは、財政などの問題をはなれて、もつとよく考ふべきことではないか。

從來の師範學校制度そのものを絶對によいといふのではもとよりないが、八年制に關聯して考へるべき方向は別にあると思ふ。

さうしてそのうちの重要な一つは、いつたん學校を卒業して一人まへの先生になつた人を、たえず刺戟して向上させる道をつくることだ。

現職教師の再訓練を組織的にやることが、必要でありまた有效なのだ。いはゆる講習會ではなく、組織的再教育と、その效果としての資格や地位の向上といふことを、制度づけることは、いろ〳〵の意味からいつてきはめて重要なことと思ふがどうだらう。

（七、二、八）

第九十六章

一月十日調べによる今年度の日本内地各醫科大學の入學志願者の狀況を見ていまさらに考へさせられる。

醫者が足らぬといふ聲を聞くこと今日の如きはない。もちろんそれは、大陸日本として、東亞全體を通じたことだが。

また醫學生といふものは學生の中での、昔からの花形の一つで、入學志願者はいつでも殺到して、入學難の代表は醫學部だといふ常識になつてゐた。

ところが、二月十五日の締切りまでにはあと半月あるとしても、一月末の第一次調査の結果によると、大阪帝大とか名古屋帝大とかの官立綜合大學の醫學部でさへその入學志願者が定員にはるかにみたないありさまだといふ。

いはんやといつてはさしさはりもあらうが、各地の單科醫大では、八十名の定員に對して、五名・六名といふ、さびしい、みじめな入學志願者風景もすくなくないのである。これは今年ほどではなかつたとしても、去年あたりも同様な傾向が見られたので、高等學校の文科卒業生でも、醫科を志願するものは入學を許し、またある單科大學では、もつとひどいといふか、思ひきつたやりかたで、やつと定員をみたしてをるのがあるさうだ。

そこで學生の氣品とか、氣力とかいふものも、いきほひ低下せざるをえぬことになり、教授なども、教育上のはりあひがぬけて、いやになるやうな、氣の毒なありさまもみうけられるといふ。

一たいなんでこんなことになつたのかといふと、御時勢で産業第一・工業第一といふことになつたので、高校の理科のものはだれもかれも工學部とか理學部でも應用化學といふ、時局産業むきの方をえらぶ結果だといふことだ。

景氣・不景氣によつて、青年學生の動きかたがまるで風に吹きよせられる浮き草のやうに、あるひは東に片より、あるひは西にかたまるといつた光景は、明治・大正以來の通例で、一般には大してふしぎとも思はないできたことだが、しかし深く考へてみるまでもなく、こんなことをほつておいてよいものかどうか。

やれ統制だ、それ計畫だ、總動員だなどとさわいでゐるが、何もかもゆきあたりばつたりのその日ぐらしではないか。

國家の本質は、物でなくて人にあること、いふまでもなく、その人の中で最高の教育をうけ、指導者となるものの如何といふことに、國力國運が大きな關係をもつこと、いふまでもないが、從來の日本では、この大切な國家の中心になるべき人材の養成をまつたく自由主義的な自然のなりゆきに放任してゐたのだ、といつてもいひすぎではあるまい。

大學令だの、專門學校令だのに、いくらイデオロギーとして、美辭麗句をならべてみても、國家全體の教育に計畫性がなくては、土臺がぐらつくことになるから、けつしてりつぱな、しつかりした教育など、できはしないのだ。

ある方面でも、「日本の學校はだめだ、日本の教育は惡い。」といひ、しかし陸海軍の教育や學校はその例外だといふやうな意見をもつてゐる人もあるやうだが、それらの問題の本質をくはしく論じることとは別とし、陸海軍の學校に一般學校よりよいところがあるとしたら、それの大きな基礎もしくは理由の一つが、何としてもその教育の計畫性といふことにあることは爭へないと思ふ。

高等教育の計畫性と指導性といふことを確立するのでなければ單に「人格の陶冶」といふこと

とを重視することに法令をいくらとゝのへてみても、大きな效果を期待することはむづかしいといつてよい。

文部省や厚生省なども「國家百年の大計」をほんたうに綜合的に研究し樹立するとともに眞劍に考へかつ實行してもらひたいものだ。

教育行政などといふものはこの民族の將來、國家の運命をどうするかといふ見地と計畫からの大指導・大經營をぬきにしてはまるで氣のぬけたビール同然だといつてよいだらう。

（七，二，一二）

第九十七章

開拓政策は、滿洲國では基本國策として、あらゆる努力をかたむけて努力してゐるのである、日本政府も大いに力をいれてゐるのではあるが、日本内地ではまだ〳〵この開拓政策の意味を充分了解するに至つてゐないやうである。

先日の議會において、小磯拓相が某議員の質問に答へた要旨といふものを新聞でみても、日本人中には、今日もなほ開拓民は日本人口政策のためいひかへれば日本農村の過剩人口を滿洲におくりだすといふことが第一義で、國防關係がこれにつけ加はつてゐるのだといふことが常識になつてゐるらしい。

そこで今日のやうな時局になつて、内地産業のために勞力不足を痛感してゐるときには、滿洲へ大量の人口をだすことはいけないといふ議論が相當やかましくなつてゐるのだ。

小磯拓相が滿洲開拓民は日本人口問題の解決が目的でなくて、日滿不可分關係の强化がその根本主旨だ。

また當初治安不良なりし時代に武裝移民をおくつたために、國境警備のための屯墾兵といつた感じをあたへたけれども今日ではさういふ意味はなくなつたと答へたといふのは、そのくはしい內容はわからぬが、その答の方向は正しい。

開拓政策の根本主旨は日滿兩國ともに、たえずこれをほりさげかつ普及徹底せしめる要があるのだ。

それは兩國民一般大衆に對して必要であるとともに、開拓民自身に對しても大切なことであるといふのは、從來の植民地思想といふものは、例外なく人口問題とむすびついてゐるので、滿洲國內でも、相當な地位にある人々まで、日本內地人の入植は、日本過剩人口のはけぐちを滿洲にもとめてゐるので、この點において滿洲國は日本國をおたすけしてゐるのだといつた意識があるし、日本內地の指導的地位の人々も同樣の見地から、現在のやうに內地勞働力の不足をつげつゝあるときに、優秀なる青壯年を滿洲へおくるのはいけないといふ主張をするにいたるのだ。

この傳統的移民思想を淸算して、開拓政策はまづ第一に、建國の本義にもとづき、日滿兩國の不可分關係を現實的に、血と思想とをもつて强化することを主目標とするのだといふ大理想を、日滿兩國民に普及せしめることは、開拓政策の今後の發展のために、きはめて重要なことである。

次に、强調しなければならぬのは、開拓民の文化的・建國的使命だ。

これも從來の滿洲入植者——周知の如く今日の四千萬人近い人民の大部分は五、六十年このかたの來住者であつて、むかしからの住民は、その數はなはだすくないのだ。よく原住民といふけれども、それは新來者に對して舊來者をさすので、先入民といつたはうが正しいだらう——とひきくらべて考へるときにはつきりするのだが建國前の入植者は、新しいものも古いものもこの土地をほんたうにくひものにしてきたので、いはゆる掠奪農法によつて、この天與のよき土地をだん〳〵あらしてしまつて、ゆく〳〵は人の住むにたへない土地にしつゝあつたのだ。

このことは熱河省をみれば誰でもうなづくだらうが、それは間島省でも同樣だし、南滿一帶や東邊道地帶も同じ方向にむかつてゐるのだ。

この國土を愛し、自然に協力しようといふ努力はほとんど全く行はれてゐないのだ。

植林とか土地の改良とか、乾拓とかいふやうなことはどうにも行はれてをらず、その結果として、水害・旱害は年々增加し、農產の收穫高はだん〳〵と目にみえてへつてきつゝある。

開拓民はこの掠奪的・亡國的生活態度に對して、建設的・奉仕的生活、眞の開拓精神によつて、この國土を善化し良化し、ほんたうに人類永遠の生活據點とするために、天地の理法に從ひ、その惠みに感謝しつゝその化育に參畫するといふ使命をもつてゐるのだ。

ほんたうの意味における民族協和とは、この正しい生きかたを實踐することによつて、他の民族を指導することにある。

この開拓民の人類的・文化史的・建國的使命を、開拓民自身に自覺させ、これを强調することは、第一の不可分關係强化といふ使命におとらず重要なのである。（七，二，一九）

第九十八章

ある國民高等學校長から聞いた話だが、その學校は工業を實業科目とするといはゆる工科國民高等學校で、その土地の鐵路局には、實習とか、資材とかの點で、いろ〳〵と好意をうけてをり、さういふいはゞ義理からいつても、その卒業生を相當採用してもらふつもりであつた。さうして鐵路局の方でも、かなり多數の採用申込みがあつたので、卒業すべき學生に對して、受けもちの教師からは勿論のこと、校長自身も、いろ〳〵と鐵道方面の將來性をといて、就職をすゝめたのであつたが、つひにたゞの一人も應募したものがなかつた。

校長としては平生世話になつてゐる鐵路當局への義理あひもさることながら、あまりふしぎなので、だん〳〵しらべてみると、かれら若い卒業生のいふことには、「鐵道の方は、日給で官廳方面よりは給與がひくい。」といふのは一應うなづけるが、さらに「官廳へゆくと出張があるが、鐵道の方ではちよつとも出張させてくれないからいやだ。」といふことだつたので、あきれもし、又恥入りもしたといふ。

まだ二十歳にもならぬ中等學校の卒業生が、官廳や會社の內情に通じ、(同じ官廳でも市公署は出張がないからだめだといつて、これまた一人も志願しなかつたさうだ。)ことに「出張」といふことの金錢的意味まで知り、かつこれを勘定にいれてゐるといふ、世才といふか、勘定高さについては、この校長でなくても驚く人の方が多いだらう。

日本では大學專門學校の卒業生でも、就職さきの月給や將來の見込みや未來給與についてはともかく「出張」のあるなしで、小金がのこる、いやいくらかのこし得るかどうかなどといふことを考へるほどの事情通は、皆無だらう、いはんや中等學校においてをやである。

ところがこの國の某國民高等學校の學生は、どこで、だれから聞いたのか、チヤンとかういふ世の中にでて、何年もたつた連中の體驗を知つてをり、それを社會への出發にあたつて、計算にいれてゐるのである。

これは某校の特殊の事情かもしれぬが、一應は驚くとともに、よく〳〵考へておくべきことではあるまいか。

この校長が恥ぢ入つたといふのは、自分が何年間か教育した學生たちが、かくも金錢に敏感であり、實利一點ばりであつて、自分らの敎へた國民道德とか人生觀とかいふものなどは、ほとんどかれらの心情に何の影響もあたへてゐないのではないかとおもひ、教育者としての無力さと、そのうかつさに、いまさらに氣がついたといふのだ。

これはしかし、ひとりこの學校の問題にとゞまるまい。

勿論この學校のこの實例はとくに目だつにしても、大なり小なり、他の學校や、社會にもあることと考へなければならぬ。

協和會運動でも、一般の政治行政の部面でも、この國でいろ〳〵と高尙な、りつぱな理論がとかれ、かつ制度がしかれ行事が行はれてゐるが、一般大衆の肚のそこはその外形とは、まるで似ても似つかぬといふことが、きはめて多いのではあるまいか。

勿論、かういつたとて、この國で理想を行ふことが不可能だとか、この國の人民の大部分が、まつたく何の感激性もない、度しがたい功利主義者のみであり、拜金思想の權化であると斷定して、絕望するのではないが、形の上の從順さや、表面上の整備だけにだまされぬやうに、指導者たちの反省をうながしたいと思ふのである。

こゝにあげた一例話については、官廳や會社の給與の統制の問題や、それらの機關の指導者たちの心構へについても、いろ〳〵と考へるべきことの多いことを思はせるけれども、いまはそれにはふれない。

たゞくれぐも日系の指導者たちに願ふことは、ながい間の生活經驗——政治・社會の歴史的事實——にもとづく民族性と、現在の社會の理想と現實とをよく見きはめて、一方ではあまりにあせらぬこと、他方では形式にとらはれぬこと、さうして結局は單なる主觀的精神主義だけでなく、この精神や理想を全國的な組織とし、制度とするのでなければ、理想國家や國民はできないといふことを忘れぬやうにしてもらひたいといふことである。（七、二、二〇）

康德七年十一月二十五日印刷
康德七年十一月二十七日發行

「建設者の息吹」
定價二圓

著者　田村敏雄
新京特別市永樂町四丁目一番地
發行人　城島舟禮
新京特別市西七馬路十四號
印刷人　駒越五貞
新京特別市西七馬路十四號
印刷所　滿洲圖書株式會社

新京特別市永樂町四丁目一番地
發行所　新京日日新聞社出版部

本書出版にあたり、できるかぎりの手段をつくし著作権者を探しましたが、現在のところ判明しておりません。手がかりにつきお気づきの方は編集部までご一報下さい。

本書には、今日の人権意識に照らして不適切な表現が一部みられますが、時代背景を鑑み、歴史資料としてそのまま収録しました。

アジア学叢書 365

建設者の息吹

発　行　2023年9月24日

著　者　田村敏雄

発行者　鈴木信男

発行所　大空社出版株式会社

〒114-0032 東京都北区中十条4-3-2

電話 03-5963-4451　FAX 03-5963-4461

www.ozorasha.co.jp

印刷：株式会社栄光／製本：株式会社新里製本所

万一、落丁・乱丁の場合はお取り替えいたします。

ISBN978-4-86688-365-6 C3022　定価 20,680円（本体 18,800円＋税 10%）

第53回配本（満洲Ⅱ）全5巻（第363～367巻）

セット定価 121,000円（本体 110,000円＋税 10%）

セット ISBN978-4-86688-333-5　C3322

アジア学叢書　配本回（編）一覧

回 編 巻数（収録巻）刊行年月

1 人類学 9 巻（1-9）'96. 5
2 宗教 8 巻（10-17）'96. 9
3 近代史 6 巻（18-23）'97. 2
4 人類学2 6 巻（24-29）'97. 4
5 東西交渉史 6 巻（30-35）'97. 9
6 中国思想（諸子学） 8 巻（36-43）'98. 1
7 経済・社会（中国ギルド）8巻（44-51）'98. 4
8 教育 9 巻（52-60）'98. 8
9 法制1（中国） 7 巻（61-67）'99. 1
10 演劇 10 巻（68-77）2000. 4
11 法制2 8 巻（78-85）'01. 5
12 風俗・民族 7 巻（86-92）'02. 11
13 映画・演芸 8 巻（93-100）'03. 9
14 南洋 12 巻（101-112）'04. 2
15 交通史 8 巻（113-120）'04. 6
16 産業・資源 11 巻（121-131）'04. 11
17 地政学 9 巻（132-140）'05. 5
18 森林資源 8 巻（141-148）'05. 11
19 北方・南方森林資源 6 巻（149-154）'06. 4
20 蒙古1 4 巻（155-158）'06. 9
21 地名 6 巻（159-164）'07. 2
22 芸術・文化 9 巻（165-173）'07. 9
23 民族誌 9 巻（174-182）'08. 1
24 アジア写真集Ⅰ 8 巻（183-190）'08. 4
25 アジア写真集Ⅱ 6 巻（191-196）'08. 9
26 農業生活 8 巻（197-204）'09. 4
27 中国を知るⅠ：人と風土 10 巻（205-214）'09. 9
28 中国を知るⅡ：人と社会 9 巻（215-223）'10. 1
29 民俗 9 巻（224-232）'10. 10
30 物産 8 巻（233-240）'11. 5
31 宗教1 8 巻（241-248）'11. 10
32 神話・伝説 6 巻（249-254）'12. 4
33 海運 7 巻（255-261）'12. 9
34 アジア写真集Ⅲ 6 巻（262-267）'13. 4
35 紀行 8 巻（268-275）'13. 9
36 旅行・案内記 6 巻（276-281）'14. 4
37 華僑 7 巻（282-288）'14. 9
38 民族 7 巻（289-295）'15. 4
39 南洋2 5 巻（296-300）'15. 9
40 アジアの海と島々 5 巻（301-305）'16. 4
41 ビルマを知る 6 巻（306-311）'16. 9
42 既刊 1-311巻総目次 3 巻（312-314）'17. 8
43 南方事情（タイとマレー）6 巻（315-320）'18. 4
44 台湾 4 巻（321-324）'18. 9
45 エリア・山東 3 巻（325-327）'19. 8
46 エリア・長江 6 巻（328-333）'19. 12
47 言語（タイ語） 4 巻（334-337）'20. 4
48 食（中国） 5 巻（338-342）'20. 10
49 言語 2（マレー語）5 巻（343-347）'21. 4
50 アジア巡り 6 巻（348-353）'21. 12
51 満洲Ⅰ 5 巻（354-358）'22. 4
52 鮮満（朝鮮・満洲）4 巻（359-362）'22. 8
53 満洲Ⅱ 5 巻（363-367）'23. 9

第 1 ～ 311 巻　発行：大空社
　　　　　　　　販売：大空社出版
第 312 巻～　　発行：大空社出版

在庫はお問合せください
詳細内容見本進呈

学術資料出版 **大空社出版**

アジア学叢書　THE LIBRARY OF ASIA　既刊

〔参〕＝参考資料　・各巻分売可　・表示価格は本体（税別）
（発行）第1～41回配本＝大空社、第42回配本以降＝大空社出版

第1回配本【人類学編】全9巻　九五、一四六円

1 **満蒙の民族と宗教**　赤松智城・秋葉隆著（大阪屋号書店、昭16）〔参〕羽渓了諦「赤松智城博士を悼む」（昭35）／六六〇頁　一六、五〇五円

2 **朝鮮の姓名氏族に関する研究調査**　朝鮮総督府中枢院（今村鞆）編刊（昭9）〔参〕菊池謙譲「今村螺炎先生を語る」（昭15）／五二〇頁　一二、六二一円

3 **東南亜細亜民族学先史学研究　第一巻（臺湾を中心とせる）**　鹿野忠雄著（矢島書房、昭21）〔参〕鹿野忠雄「紅頭嶼ヤミ族の埋葬法に就て」（昭5）／四八〇頁　一〇、六八〇円

4 **東南亜細亜民族学先史学研究　第二巻**　鹿野忠雄著（矢島書房、昭27）〔参〕鹿野忠雄「紅頭嶼ヤミ族の出産に関する風習」（昭14）／三三〇頁　七、七六七円

5 **未開人の政治と法律**　杉浦健一著（彰考書院、昭22）〔参〕泉靖一「故杉浦健一教授と人類学・民族学—追悼と評伝」（昭29）／二九〇頁　七、七六七円

6 **原始経済の研究**　杉浦健一著（彰考書院、昭23）〔参〕泉靖一「故杉浦健一教授業績目録」（昭29）／三六〇頁　八、七三八円

7 **民族宗教の研究**　棚瀬襄爾著（畝傍書房、昭16）〔参〕堀一郎「棚瀬襄爾君の想い出」（昭40）・本岡武「東南アジア研究センターと棚瀬幹事」（昭40）／六〇〇頁　一三、五九二円

8 **支那の民俗**　永尾龍造著（磯部甲陽堂、昭2）〔参〕永尾龍造「纏足の目的」（昭17）／三四〇頁　七、七六七円

9 **鼓村襍記　鈴木鼓村遺稿**　鈴木鼓村著・雨田光平編（古賀書店、昭19）〔参〕田辺尚雄「日本音楽史講和（抄）」（昭27）／三九〇頁　九、七〇九円

第2回配本【宗教編】全8巻　九七、〇八七円

10 **海外神社の史的研究**　近藤喜博著（明世堂書店、昭18）〔参〕岡田實「建国神廟始末記」（昭28）／四三〇頁　一〇、六八〇円

11 **基督教の日本的展開**　比屋根安定著（基督教思想叢書刊行会、昭13）〔参〕比屋根安定「思出での記—東神大教授職を退くに当りて」（昭39）・和井田学「比屋根安定教授著訳目録」（昭39）／二八〇頁　六、七九六円

12 **註解　出定後語**　富永仲基原著・吉川延太郎註解（教学書房、昭18）〔参〕竹内義雄「富永仲基の出定後語に就いて」（昭7）／四六〇頁　一二、六二一円

13 **朝鮮天主教小史　改訂増補**　楠田斧三郎著刊（昭9）〔参〕尹亨重「朝鮮天主教創設期の回顧と我等の希望」（昭17）／四五〇頁　一〇、六八〇円

14 **神道の宗教発達史的研究**　加藤玄智著（中文館書店、昭10）〔参〕梅田義彦「加藤玄智」（昭40）／一四三〇頁　三〇、〇九七円

15 **東亜政策と支那宗教問題**　澤崎堅造著（長崎書店、昭17）〔参〕澤崎堅造「蒙古伝道と蒙古語聖書」（昭20）／四七〇頁　一一、六五〇円

アジア学叢書　THE LIBRARY OF ASIA　既刊

16 **日本基督教の精神的伝統**　魚木忠一著（基督教思想叢書刊行会、昭17）〔参〕藤代泰三 調「故魚木忠一教授著作文献目録」（昭30）／二五〇頁　六、七九六円

17 **景教碑文研究**　佐伯好郎著（待漏書院、明44）〔参〕佐伯好郎『景教文献及遺物録』（昭7）／三四〇頁　七、七六七円

第3回配本【近代史編】全6巻　九七、〇〇〇円

18 **条約改正史**　山本茂著（高山書店、昭18）〔参〕我部政男「条約改正と沖縄問題―井上外交の日清交渉を中心に」（昭44）／八六〇頁　二一、〇〇〇円

19 **満洲義軍**　山名正二著（月刊満洲社東京出版部、昭17）〔参〕花田仲之助・阿部精二・井戸川辰三・金子克巳・関時太郎・柴田麟次郎・関菊麿「花大人を囲む満洲義軍勇士座談会」（昭12）／七七〇頁　一九、〇〇〇円

20 **満洲基督教史話**　竹森満佐一著（新生堂、昭15）〔参〕戒能信生「知られざる教団史の断面―満洲開拓基督教村」（昭56）／三五〇頁　八、〇〇〇円

21 **蒙疆カトリック大観**　平山政十著（蒙古聯合自治政府、昭14）〔参〕澤崎堅造「熱河烏丹に於けるカトリック村」（昭19）／八一〇頁　二〇、〇〇〇円

22 **彰義隊戦史**　山崎有信著（隆文館、明43）〔参〕阿部弘蔵「上野戦争碑話」（明45）・太田杏村「上野戦争の翌日」（明45）／八八〇頁　二一、〇〇〇円

23 **明治南進史稿**　入江寅次著（井田書店、昭18）〔参〕「明治期刊行南方関係邦文文献一覧」（昭15訂）／三三〇頁　八、〇〇〇円

第4回配本【人類学編2】全6巻　一一四、〇〇〇円

24 **朝鮮巫俗の研究 上巻**　赤松智城・秋葉隆著（大阪屋号書店、昭12）〔参〕秋葉隆「朝鮮巫俗文化圏」（昭10）／六一〇頁　一七、〇〇〇円

25 **朝鮮巫俗の研究 下巻**　赤松智城・秋葉隆著（大阪屋号書店、昭13）／〔参〕秋葉隆「朝鮮巫祖伝説」（昭8）／六四〇頁　一八、〇〇〇円

26 **比律賓の民族**　棚瀬襄爾著（東亜研究所、昭17）〔参〕京都大学東南アジア研究所「棚瀬博士を悼む」（昭40）／三九〇頁　一一、〇〇〇円

27 **人類学研究**　小金井良精著（大岡山書店、大15）〔参〕松村瞭「書評」（大15）／六三〇頁　一八、〇〇〇円

28 **人類学研究 続編**　小金井良精著、小川鼎三・横尾安夫校閲（小金井博士生誕百年記念会、昭33）〔参〕長谷部言人「書評」（大15）／四九〇頁　一四、〇〇〇円

29 **宋代茶法研究資料**　佐伯富編（東方文化研究所、昭16）〔参〕佐伯富「宋代林特の茶法改革について」（昭33）／一二五〇頁　三六、〇〇〇円

第5回配本【東西交渉史編】全6巻　一〇一、〇〇〇円

30 **東西交渉史論 上巻**　史学会編（史学会創立五十年記念）・白鳥庫吉ほか著（冨山房、昭14）〔参〕渡辺世祐「我が史料より見たる

戦国時代東西交渉史補遺」（昭14）／八一〇頁　二四、〇〇〇円

31 **東西交渉史論 下巻**　史学会編（史学会創立五十年記念）・長寿吉ほか著（冨山房、昭14）〔参〕箭内健次「書評」（昭14）／六七〇頁　二〇、〇〇〇円

32 **十三世紀 東西交渉史序説**　岩村忍著（三省堂、昭14）〔参〕「岩村忍著述一覧」（昭45訂）／三七〇頁　一〇、〇〇〇円

33 **東西文化交渉史**　矢沢利彦著（中村出版社、昭34）〔参〕矢沢利彦「マッテオ・リッチと瞿太素」（昭34）・「最初の漢訳聖書について」（昭42）／三三〇頁　九、〇〇〇円

34 **西力東漸本末**　中川清次郎著（大東出版社、昭18）〔参〕斎藤阿具「和蘭人の江戸参礼」（大15）／六五〇頁　一九、〇〇〇円

35 **南蛮船貿易史**　外山卯三郎著（東光出版社、昭18）〔参〕板沢武雄「蘭船来航の由来」（昭8）／六四〇頁　一九、〇〇〇円

第6回配本【中国思想編（諸子学）】全8巻　一〇七、〇〇〇円

36 **孔子研究 改版**　蟹江義丸著（京文社、昭2［明37初刊］）〔参〕中島徳蔵「書評」（明38）／五八〇頁　一七、〇〇〇円

37 **周漢思想研究**　重澤俊郎著（弘文堂書房、昭19）〔参〕板野長八「書評」（昭19）／四三〇頁　一二、〇〇〇円

38 **先秦政治思想史 中国聖哲人の人生観と其の政治哲学**　梁啓超著、重澤俊郎訳（創元社、昭16）〔参〕坂出祥伸「梁啓超著述編年表稿」（昭53・54訂）／四七〇頁　一三、〇〇〇円

39 **古代支那思想の新研究**　胡適著、楊祥蔭・内田繁隆訳（巌松堂書店、昭11［大14初刊］）〔参〕福井康順「胡適と新文化運動（抄）」（昭30）・長瀬誠「胡適『中国哲学史大綱』」（昭30）／五六〇頁　一六、〇〇〇円

40 **胡適の支那哲学論**　胡適著、井出季和太訳（大阪屋号書店、昭2）〔参〕古川常次郎「墨子名実論考」（昭26）／三三〇頁　九、〇〇〇円

41 **法家思想の研究**　木村英一著（弘文堂書房、昭19）〔参〕森秀樹「韓非と荀況―思想の継蹤と断絶」（昭54訂）／二九〇頁　八、〇〇〇円

42 **古代漢民族思想史**　鈴木憲久著（泉文堂、昭27）〔参〕鈴木憲久「古代漢民族の経済思想の展開」（昭29）／五九〇頁　一七、〇〇〇円

43 **支那心理思想史**　黒田亮著（小山書店、昭23）〔参〕後藤基巳「書評」（昭24）／五一〇頁　一五、〇〇〇円

第7回配本【経済・社会編（中国ギルド）】全8巻　一一〇、〇〇〇円

44 **中国のギルド**　根岸佶著（日本評論新社、昭28）〔参〕今堀誠二「書評」（昭28）／五四〇頁　一六、〇〇〇円

45 **上海のギルド**　根岸佶著（日本評論社、昭26）〔参〕小竹文夫「書評」（昭26）／四五〇頁　一三、〇〇〇円

46 **北京のギルド生活**　J・S・バーヂス著、申鎮均訳、牧野巽校閲（生活社、昭17）〔参〕バーヂエス「支那ギルド概観」（昭6）・澤崎堅造「北京市商会の同郷性」（昭16）／四四〇頁　一三、〇〇〇円

47 **広東十三行考**　梁嘉彬著、山内喜代美訳（日光書院、昭

19）〔参〕内田直作「広東十三行と十三洋行の名称に付て」（昭10）／五四〇頁　一六、〇〇〇円

48 **日本華僑社会の研究**　内田直作著（同文館、昭24）〔参〕根岸佶「書評」（昭24）／四四〇頁　一三、〇〇〇円

49 **支那の同業組合と商慣習**　上海出版協会調査部編著（上海出版協会、大14）〔参〕山内喜代美「支那ギルドに於ける行規の研究」（昭18）／四八〇頁　一五、〇〇〇円

50 **実地調査　中国商業習慣大全**　周東白編、森岡達夫訳註（大同印書館、昭16）〔参〕内田直作「書評」（昭17）／三九〇頁　一一、〇〇〇円

51 **支那の秘密結社と慈善結社**　末光高義著（満洲評論社、昭7）〔参〕松崎鶴雄「秘密結社哥老会の史的断片と伝習」（昭18）／四四〇頁　一三、〇〇〇円

第8回配本【教育編】全9巻　一一一、〇〇〇円

52 **支那教育史　上・下**　任時先著、山崎達夫訳（人文閣、昭14・15）〔参〕王智新「解説」（新稿）／七二〇頁　一九、〇〇〇円

53 **支那教育学史**　田内高次著（冨山房、昭17）〔参〕熊達雲「近代以前の中国の学校制度と教育特徴」（新稿）／六一〇頁　一七、〇〇〇円

54 **近代支那教育史**　陳青之著、柳沢三郎訳（生活社、昭14）〔参〕王智新「解説」（新稿）／四七〇頁　一三、〇〇〇円

55 **現代支那満洲教育資料**　東京文理科大学・東京高等師範学校紀元二千六百年記念会編（培風館、昭15）〔参〕大森直樹『現代支那満洲教育資料』における中国教育観の特質―「満洲国」教育の把握を中心に」（新稿）／五〇〇頁　一四、〇〇〇円

56 **増補文献備考　学校考**　朝鮮総督府学務局訳（朝鮮総督府学務局、大9）〔参〕山内弘一「李朝の儒教教育システム」（平1訂）／二七〇頁　七、〇〇〇円

57 **台湾教育志稿**　台湾総督府編（台湾総督府、大7［初刊明35］）〔参〕陳文媛「清朝統治下における台湾の道徳教育―「聖諭」の考察を手がかりとして」（平6）／二九〇頁　八、〇〇〇円

58 **台湾教育の進展**　佐藤源治著（台湾出版文化、昭18）〔参〕鐘清漢「日本植民地下の台湾教育―佐藤源治『台湾教育の進展』にふれて」（新稿）／三〇〇頁　一〇、〇〇〇円

59 **南方文化圏と植民教育**　舟越康寿著（第一出版協会、昭18）〔参〕陸培春「アジア侵略戦争における「反面教師」」（新稿）／四二〇頁　一二、〇〇〇円

60 **イギリスの対印度教育政策／印度・ビルマの教育・植民政策**　東亜研究所第五部（蒲原正浩）著（東亜研究所、昭16）／吉田実著（三享書房、昭17）〔参〕鈴木慎一「解説」（新稿）／三九〇頁　一一、〇〇〇円

第9回配本【法制編1（中国）】全7巻　一三六、〇〇〇円

61 **支那法制史研究**　東川徳治撰（有斐閣、大13）〔参〕江戸恵子「揚舟 東川徳治年譜考」（平7訂）／五一〇頁　一五、〇〇〇円

62 **上代支那法制の研究 刑事編** 根本誠著（有斐閣、昭14）
〔参〕小早川欣吾「書評」（昭14）／五九〇頁 一八、〇〇〇円

63 **上代支那法制の研究 行政編** 根本誠著（有斐閣、昭16）
〔参〕有高巌「書評」（昭16）／六四〇頁 一九、〇〇〇円

64 **エスカラ 支那法** ジャン・エスカラ著、谷口知平訳（有斐閣、昭18）〔参〕アンリ・コルディエ編、河合篤訳「支那法に関する西洋語文献目録」（昭17）／六七〇頁 二〇、〇〇〇円

65 **支那法制史 上・下** 陳顧遠著、西岡弘訳（人文閣、昭16・19）〔参〕滝川政次郎「近代支那に於ける法制史研究素描」（昭8）／七二〇頁 二二、〇〇〇円

66 **支那満洲民事慣習調査報告 総則・物権編** 中華民国司法行政部編、清水金二郎・張源祥訳（大雅堂、昭18）〔参〕山根幸夫「解説」（新稿）／八三〇頁 二四、〇〇〇円

67 **支那満洲民事慣習調査報告 債権編** 中華民国司法行政部編、清水金二郎・張源祥訳（大雅堂、昭19）〔参〕滝川政次郎「清末に於ける慣行調査」（昭17）・「民国初年に於ける満洲の慣行調査」（昭16）／六四〇頁 一八、〇〇〇円

第10回配本【演劇編】 全10巻 一〇八、〇〇〇円

68 **台湾演劇の現状** 浜田秀三郎編（丹青書房、昭18）〔参〕呂訴上「台湾演劇の近情」（昭16）／二九〇頁 一〇、〇〇〇円

69 **南方演芸記** 小出英男著（新紀元社、昭18）〔参〕小出英男・寺崎浩「南方の演芸」（昭18）／三七〇頁 一三、〇〇〇円

70 **東亜の舞踊** 中西武夫編訳（教育図書、昭18）〔参〕蘆原英了「亜細亜舞踊の性格」（昭15）、宮尾慈良「アジア舞踊の研究」（新稿）／二四〇頁 七、五〇〇円

71 **大東亜共栄圏の人形劇** 小沢愛圀著（三田文学出版部、昭19）〔参〕宮尾慈良「アジア人形劇研究の先駆者」（新稿）／三二〇頁 一一、〇〇〇円

72 **支那の影絵芝居** 印南高一著（玄光社、昭19）〔参〕印南高一「影絵芝居」（昭35訂）、赤羽末吉「影絵芝居の話」（昭15）／二〇〇頁 六、五〇〇円

73 **朝鮮の演劇** 印南高一著（北光書房、昭19）〔参〕印南高一「朝鮮演劇」（昭36訂）、金両基『朝鮮の演劇』復刊によせて」（新稿）／四一〇頁 一三、〇〇〇円

74 **支那の演劇** L・C・アーリングトン著、印南高一・平岡白光訳（畝傍書房、昭18）〔参〕石原巌徹「支那芝居と寄席の話」（昭17）／三八〇頁 一二、〇〇〇円

75 **支那劇と其名優** 波多野乾一著（新作社、大14）〔参〕浜一衛「京劇俳優の名前について」（昭47）／三五〇頁 一二、〇〇〇円

76 **支那芝居の話** 浜一衛著（弘文堂書房、昭19）〔参〕「浜一衛略歴・著述一覧」（新訂）、目加田誠「浜さんのこと」（昭49）／二九〇頁 一〇、〇〇〇円

77 **支那芝居 上・下** 辻聴花著（支那風物研究会、大12・13）〔参〕中村忠行「中国劇評家としての辻聴花」（昭30～32）／四二〇頁 一三、〇〇〇円

第11回配本【法制編2】全8巻 一二一、〇〇〇円

78 東亜法秩序序説 民族信仰を中心として 増田福太郎著（ダイヤモンド社、昭17）〔参〕泉康順「読後感」（昭17）／三五〇頁 一二、〇〇〇円

79 ヤーヂュニャヴルキヤ法典 中野義照訳著（中野教授還暦記念会、昭25）〔参〕日本印度学会「中野義照先生主要著作目録」（平1）／五七〇頁 一九、〇〇〇円

80 タイ国固有行政の研究 郡司喜一著（日本書院、昭20）〔参〕郡司喜一「アユチャ時代のタイ国行政制度」（昭17）／六〇〇頁 二〇、〇〇〇円

81 ポリネシヤに於ける法と秩序 H・I・ホグビン著、吉田一次訳（三省堂、昭17）〔参〕坪井正五郎「南洋諸島ニ行ハル、「タブー」制ノ話」（明25）／三九〇頁 一三、〇〇〇円

82 朝鮮法制史稿 浅見倫太郎著（巌松堂書店、大11）〔参〕宮崎道三郎「朝鮮語ト日本法制史」（明37）／五〇〇頁 一六、〇〇〇円

83 蒙古慣習法の研究 ウエ・ア・リヤザノフスキイ著、東亜経済調査局編刊（昭10）〔参〕西山栄久「リアザノフスキー氏の翻訳二種」（昭9・10）／四九〇頁 一七、〇〇〇円

84 蒙古法典の研究 田山茂著（日本学術振興会、昭42）〔参〕今堀誠二「批評と紹介」（昭42）／三二〇頁 一一、〇〇〇円

85 元史刑法志の研究譯註 小竹文夫・岡本敬二編著（教育書籍、昭37）〔参〕安部健夫「元史刑法志と『元律』との関係に就いて」（昭6）／四〇〇頁 一三、〇〇〇円

第12回配本【風俗・民俗編】全7巻 一四九、五〇〇円

86 支那民俗の展望 後藤朝太郎著（冨山房、昭11）〔参〕後藤朝太郎「支那行脚の機微」（昭12）／七四〇頁 二三、〇〇〇円

87 支那民俗誌 第一巻 永尾龍造著（支那民俗誌刊行会、昭15）〔参〕永尾龍造「中国風俗の変化について」（昭29）／八六〇頁 二五、〇〇〇円

88 支那民俗誌 第二巻 永尾龍造著（支那民俗誌刊行会、昭16）〔参〕永尾龍造「中国風俗の変化について」（昭29）／一〇五〇頁 三〇、〇〇〇円

89 支那民俗誌 第六巻 永尾龍造著（支那民俗誌刊行会、昭17）〔参〕永尾龍造「中国風俗の変化について」（昭29）／一〇四〇頁 二八、〇〇〇円

90 満支習俗考 井岡咀芳（大輔）著（湯川弘文社、昭17）〔参〕井岡大輔「南方諸国の生活と工芸」（昭17）／四八〇頁 一五、〇〇〇円

91 海南島民族誌 南支那民族研究への一寄與 H・スチューベル著、平野義太郎編、清水三男訳（畝傍書房、昭18）〔参〕東亜研究所「海南島文献目録」（昭14）／五九〇頁 一五、五〇〇円

92 臺灣の家庭生活 池田敏雄著（東都書籍臺北支店、昭19）〔参〕池田敏雄「流言蜚語と迷信」（昭16）／四五〇頁 一三、〇〇〇円

第13回配本【映画・演芸編】全8巻 一〇〇、五〇〇円

93 支那の芝居 永持徳一著（泰山房、昭17）〔参〕福地信世「支那の芝居の話」（昭18）／三三〇頁 一〇、〇〇〇円

94　**南方の音楽・舞踊**　田邊尚雄・黒澤隆朝・桝源次郎・笠間杲雄著、太平洋協会編（六興商会出版部、昭17）〔参〕梅田英春「黒沢隆朝の東南アジア音楽調査フィールド日記を読むにあたって」（平9）／一二〇頁　八、五〇〇円

95　**インドネシヤの民謡**　村上清著（綜文社、昭18）〔参〕黒澤隆朝「南洋に音楽をたづねて」（昭14）／二一〇頁　九、〇〇〇円

96　**大東亜の音楽**　田邊尚雄著（協和書房、昭18）〔参〕岸辺成雄「驚異の超人」（昭57）／二五〇頁　九、〇〇〇円

97　**民衆娯楽の研究 全**　橘高廣述（警眼社、大9）〔参〕杉座秀親「映画劇と演劇」（平2）／一九〇頁　八、五〇〇円

98　**映画国策の前進**　山田英吉著（厚生閣、昭15）〔参〕佐藤忠男「映画教育」（昭63）／三五〇頁　一四、〇〇〇円

99　**大支那大系　第十二巻（文学・演劇篇　下巻）**　久保天随・楊蔭深・榛原茂樹・瀬沼三郎・榛原茂樹・村田孜郎著（萬里閣書房、昭5）〔参〕「久保天随君」（明34）／六八〇頁　二三、五〇〇円

100　**支那古代の祭礼と歌謡**　マーセル・グラネー著、内田智雄訳（弘文堂書房、昭13）／四六〇頁　一八、〇〇〇円

第14回配本【南洋編】全12巻　一二〇、一〇〇円

101　**南洋と日本**　井上清著（大正社、大2）〔参〕井上一「井上清略歴—息子井上一の見た」（新稿）／五六〇頁　一一、〇〇〇円

102　**南洋の民族と文化**　井東憲著（大東出版社、昭16）〔参〕土方久功「パラオ島民の部落組織」（昭16）／三三〇頁　九、七〇〇円

103　**南洋の言語と文学**　宮武正道著（湯川弘文社、昭18）〔参〕宇野圓空「南方民族の宗教文化」（昭17）／三四〇頁　九、七〇〇円

104　**ジャワ・スマトラ・ボルネオ　東印度地方の言語の実際**　村上清著（湯川弘文社、昭19）〔参〕安田馨「チャンデイの語原」（昭15）／二九〇頁　九、七〇〇円

105　**比律賓在留邦人商業発達史**　渡邊薫著（南洋協会、昭11）〔参〕社会局「我国商品の海外進出と我国労働条件に関する海外諸新聞の論評」（昭9）／四九〇頁　一一、五〇〇円

106　**植民地として観たる　南洋群島の研究**　上原轍三郎著（南洋群島文化協会、昭15）〔参〕伊藤兆司「熱帯農業に於ける南洋農業の地位」（昭11）／一八〇頁　六、〇〇〇円

107　**南洋に於ける　日本の投資と貿易**　樋口弘著（味燈書屋、昭16）〔参〕山田文雄「大東亜共栄圏の経済」（昭17）／三七〇頁　一〇、五〇〇円

108　**在南洋邦人団体便覧**　小出武夫編（南洋協会、昭12）〔参〕南洋協会「本会の創設」（昭10）／一五〇頁　五、〇〇〇円

109　**南洋資料　人物誌・年表**　南洋経済研究所編10点（南洋経済研究所出版部、昭18～19）／四九〇頁　一四、〇〇〇円

110　**南洋資料　蘭領東印度総督略伝**　南洋経済研究所編12点（南洋経済研究所出版部、昭18～19）／三〇〇頁　一四、〇〇〇円

111　**南洋政治地理史考**　白坂義直著（田中誠光堂、昭18）〔参〕G・F・ハドソン著、藤澤保太郎訳「極東の熱帯地方」（昭

16）／二〇〇頁　六、〇〇〇円

112 **南洋群島案内**　大宜味朝徳著（海外研究所、昭14）／五〇〇頁　一三、〇〇〇円

第15回配本【交通史編】全8巻　一二八、〇〇〇円

113 **支那之鉄道 大正十一年十月改訂**　鉄道大臣官房外国鉄道調査課編刊（大12）／七五〇頁　一九、五〇〇円

114 **支那之鉄道 昭和十三年十月改訂**　鉄道省運輸局編刊（昭13）〔参〕飯尾禎「支那」（昭17）／三三〇頁　一〇、五〇〇円

115 **支那鉄道概論**　満鉄北京公所研究室編（中日文化協会、昭2）〔参〕中支建設資料整備事務所編訳部「支那鉄道関係資料目録」（昭14）／七六〇頁　一九、五〇〇円

116 **満蒙の鉄道網／満蒙鉄道概観**　大島與吉著（大阪屋号書店、昭2）／鉄道省運輸局編刊（昭3）〔参〕飯尾禎「満州国」（昭17）／四五〇頁　一五、五〇〇円

117 **朝鮮鉄道論纂**　朝鮮総督府鉄道局編（朝鮮総督府鉄道局庶務課、昭5）〔参〕朝鮮総督府官房文書課「交通及通信」（昭5・7）／四九〇頁　一六、〇〇〇円

118 **朝鮮鉄道四十年略史**　朝鮮総督府鉄道局編刊（昭15）／七二〇頁　一九、〇〇〇円

119 **西伯利鉄道 全／西伯利鉄道旅行案内**　田邊朔郎著（金港堂書籍、明35）／鉄道院運輸局編（鉄道院、大8）〔参〕田邊朔郎「鉄道と雪」（昭12）／三六〇頁　一二、五〇〇円

120 **露領アジア交通地理**　エーリッヒ・チール著、鉄道省運輸局編訳刊（昭12）／四八〇頁　一五、五〇〇円

第16回配本【産業・資源編】全11巻　一三四、〇〇〇円

121 **東亜之大富源 現代の朝鮮**　梶川半三郎著（六合館、昭2）／六八〇頁　一八、五〇〇円

122 **支那食糧史**　郎擎霄著、井東憲訳（大東出版社、昭16）〔参〕東亜研究所「戦時食糧問題」（昭17）／三六〇頁　九、五〇〇円

123 **朝鮮林野調査事業報告**　朝鮮総督府農林局編刊（昭13）／三七〇頁　一〇、〇〇〇円

124 **満蒙の森林及林業／北支那の林業概観**　帝国森林会編刊（昭7）／山内倭文夫・天野一郎著（興林会、昭15）〔参〕杉本壽「北方支那森林植物要覧」（昭17）／四五〇頁　一二、五〇〇円

125 **台湾林業史 第一巻／第二巻**　台湾総督府殖産局編刊（大6／昭4）〔参〕台湾総督府殖産局「台湾林業林学ニ関スル論文著書分類目録」（昭4）／三六〇頁　一〇、〇〇〇円

126 **南洋の林業**　高山慶太郎著（豊国社、昭17）〔参〕南洋経済研究所「南方林業経営の苦心」（昭19）／四五〇頁　一二、〇〇〇円

127 **南方の植産資源**　南方植産資源調査会編（錦城出版社、昭18）〔参〕拓務省拓南局「林業関係資料」（昭17）／三九〇頁　一〇、〇〇〇円

128 **朝鮮鉱業誌**　浅野犀涯著（京城日報、大2）〔参〕徳野真士「朝鮮鉱業の概況」（昭9）／三七〇頁　一〇、〇〇〇円

129 **満洲の探検と鉱業の歴史／満州の探検及鉱物資源地図** 南満洲鉄道株式会社北満経済調査所編（学芸社・興亜書院、昭14）〔参〕日満実業協会「満州帝国鉱業法令」（昭10）／七四〇頁 二二、〇〇〇円

130 **比律賓の鉱業／比律賓の鉱業（補遺）** 海外鉱業協会編刊（昭16）〔参〕東亜研究所「フィリピンノ鉱物資源」（昭16）／三七〇頁 九、五〇〇円

131 **南方地域の鉱物及鉱業** 木下亀城著（井田書店、昭19）〔参〕木下亀城「南洋の鉱産資源に就て」（昭17）／三九〇頁 一〇、〇〇〇円

第17回配本【地政学編】全9巻 一二〇、五〇〇円

132 **太平洋地政治学 地理歴史相互関係の研究 上・下** カルル・ハウスホーファー著、日本青年外交協会研究部（藤田彭二）訳（日本青年外交協会出版部、昭15）〔参〕シュパング著「カール・ハウスホーファーと日本の地政学」（石井素介訳、平13）・「日独関係におけるカール・ハウスホーファーの学説と人脈」（中田潤訳、平12）、林有子「日独戦時イデオロギーを支えた〈土の思想〉」（平13）／六二〇頁 一五、五〇〇円

133 **支那政治地理誌 上巻** 大村欣一（東亜同文会）著（丸善、大2）／一〇〇〇頁 二三、五〇〇円

134 **支那政治地理誌 下巻** 大村欣一（東亜同文会）著（丸善、大4）／一〇五〇頁 二五、五〇〇円

135 **北支・蒙古の地理 乾燥アジアの地理学的諸問題** 保柳睦美著（古今書院、昭19）〔参〕大塚令三「支那地理関係資料目録」（昭15）／三一〇頁 八、五〇〇円

136 **タイ国地誌** 能登志雄著（古今書院、昭16）〔参〕タイ室東京事務局「タイ室所蔵図書並資料目録」（昭15）／四九〇頁 一二、五〇〇円

137 **セイロン島事情** 岩佐義夫著（千倉書房、昭17）／横浜正金銀行調査部「セイロン島事情」（昭18）／三五〇頁 九、五〇〇円

138 **土耳古 シリア、パレスチナ、トランス・ヨルダン 世界地理政治大系** 野間三郎著（白揚社、昭17）〔参〕野間三郎「西亜の支配者」（昭18）／三〇〇頁 八、五〇〇円

139 **スマトラ経済地誌** 木村操著（南洋協会、昭19）〔参〕横浜正金銀行頭取席調査課「スマトラ事情・附貿易港としてのメダンの地位」（昭4）／三四〇頁 九、五〇〇円

140 **新撰 朝鮮地理誌 全** 大田才次郎著（博文館、明27）／二八〇頁 七、五〇〇円

第18回配本【森林資源編】全8巻 一三五、〇〇〇円

141 **樺太林業史** 樺太林業史編纂会編（農林出版、昭35）／四二〇頁 一五、〇〇〇円

142 **千島森林誌 千島の国有林** 帯広営林局編刊（昭34）／三四〇頁 一八、〇〇〇円

143 **朝鮮・満州・台湾林業発達史論** 萩野敏雄著（林野弘済会、昭40）／五七〇頁 一八、〇〇〇円

アジア学叢書　THE LIBRARY OF ASIA　既刊

144 **朝鮮林業逸誌**　朝鮮山林会編刊（昭8）／五五〇頁　一六、五〇〇円

145 **韓国森林視察復命書／韓国森林調査書／韓国森林調査書摘要**　農商務省山林局（明36／39／39）／四二〇頁　一八、五〇〇円

146 **朝鮮の林藪**　朝鮮総督府林業試験場（昭13）／五〇〇頁　一五、〇〇〇円

147 **満洲林業外史** **山樵夜話／満洲木材水送論**　彼末徳雄著（満洲修文館、昭19／満洲木材通信社、昭17）／三九〇頁　一七、五〇〇円

148 **吉林省之林業**　南満洲鉄道株式会社庶務部調査課編刊（昭3）／三四〇頁　一六、五〇〇円

第19回配本【北方・南方森林資源編】　全6巻　一二五、〇〇〇円

149 **露国林業視察復命書**　農商務省山林局（明37）／三七〇頁　一九、〇〇〇円

150 **西比利亜（極東地方）森林調査報告**　外務省西比利亜経済援助部（大9）／六六〇頁　二四、〇〇〇円

151 **北樺太森林調査書**　薩哈嗹軍政部編刊（大14）／四二〇頁　二五、〇〇〇円

152 **清国及比律賓群島森林視察復命書／南洋諸島視察復命書**　農商務省山林局（明38）／台湾総督府（大3）／四二〇頁　二三、〇〇〇円

153 **南洋諸島林況視察復命書／南洋木材資源概要**　農商務省山林局（大2）／南洋経済研究所（昭17）〔参〕南洋経済研究所「南方林業法人企業者調」「南方林業関係企業者調」（昭17）／三四〇頁　一五、〇〇〇円

154 **馬来半島、セレベス、スマトラ及ジャワ諸島視察復命書**　農商務省山林局（大8）／四八〇頁　一九、〇〇〇円

第20回配本【蒙古編1】　全4巻　一一一、〇〇〇円

155 **東部蒙古誌　草稿　上**　関東都督府陸軍部（明41）／〔解説〕中生勝美（新稿）／七一〇頁　二五、〇〇〇円

156 **東部蒙古誌　草稿　中**　関東都督府陸軍部（明41）／八二〇頁　二九、〇〇〇円

157 **東部蒙古誌　草稿　下**　関東都督府陸軍部（明41）／七二〇頁　二九、〇〇〇円

158 **東部蒙古誌補修草稿**　関東都督府陸軍部（大3）／七五〇頁　二八、〇〇〇円

第21回配本【地名編】　全6巻　一一五、〇〇〇円

159 **南方地名辞典**　南洋事情研究会編（婦女界社、昭17）／四一〇頁　一六、〇〇〇円

160 **ビルマ地名要覧　全**　東亜研究所編（昭17）〔参〕国分正三「ビルマ地名の起源」（昭19）／一一七〇頁　三七、〇〇〇円

161 **大東亜南方圏地名集成　ニウギニア地名集成・ソロモン諸島地名集成・ニウカレドニア地名集成**　南洋経済研究所

編（丸善、昭18・19）／四〇〇頁　一四、〇〇〇円

162 **大東亜南方圏地名索引集** **印度支那地図地名索引・マダガスカル島地名索引・濠洲地名索引・印度洋諸島地名索引** 東亜研究所編（昭17）・南洋経済研究所編（昭18）／四〇〇頁　一三、〇〇〇円

163 **大東亜南方圏地図帖** **附・地誌概説並地名索引** 藤田元春著（日本統制地図、昭19）／一一〇頁　二八、〇〇〇円

164 **蒙古地名辞典** 朝鮮銀行調査課編（昭11）／一一〇頁　七、〇〇〇円

第22回配本【芸術・文化】全9巻　一二三、〇〇〇円

165 **西域南蛮美術東漸史** 關衛著（建設社、昭8）〔参〕關衛「南蛮美術」（昭8）／四一〇頁　一三、〇〇〇円

166 **東洋美術史の研究** 澤村専太郎著（昭7）〔参〕澤村専太郎「小伝」「著作目録」（昭6）／六二〇頁　一九、〇〇〇円

167 **東洋絵具考** 鹽田力藏著（アトリヱ社、昭17）〔参〕小泉榮次郎『実用色素新説』（明27）／四二〇頁　一三、〇〇〇円

168 **東洋の彫刻** 鎌倉芳太郎著（大雅堂、昭18）／三三〇頁　一二、〇〇〇円

169 **支那陶磁器史** 渡邊素舟著（成光堂書店、昭14［5版］）／四五〇頁　一五、〇〇〇円

170 **支那庭園** 後藤朝太郎著（成美堂書店、昭9）〔参〕後藤朝太郎「支那庭園」関係論文選（大8〜昭17）／四三〇頁　一四、〇〇〇円

171 **印度の建築** 天沼俊一著（秋田屋、昭20）〔参〕天沼俊一「印度と日本とに於ける仏塔の比較」（昭20）および関連図版／四三〇頁　一四、〇〇〇円

172 **東洋音楽論** 瀧遼一著（弘学社、昭19）／三〇〇頁　一一、〇〇〇円

173 **東洋の楽器とその歴史** 岸邊成雄著（弘文堂書店、昭23）〔参〕飯田忠純「アラビヤ音楽」（昭9）／三二〇頁　一二、〇〇〇円

第23回配本【民族誌】全9巻　一三七、〇〇〇円

174 **アジア民族誌** F・ラッツェル著、向坂逸郎訳（生活社、昭18）〔参〕K・ハウスホーファー「フリードリッヒ・ラッツェル」（昭18）／四一〇頁　一五、〇〇〇円

175 **カムボヂァ民俗誌** **クメール族の慣習** グイ・ポレ、エヴリーヌ・マスペロ著、大岩誠、浅見篤訳（生活社、昭19）／三六〇頁　一二、〇〇〇円

176 **シャン民俗誌** M・L・ミルン著、牧野巽、佐藤利子訳（生活社、昭19）／三八〇頁　一三、〇〇〇円

177 **ビルマ民族誌** シュウェイ・ヨー著、國本嘉平次、今永要訳（三省堂、昭18）〔参〕國分正三「ビルマの風俗習慣」（昭19）／七一〇頁　二八、〇〇〇円

178 **ベンガル民族誌** ボンネルジャ著、民族学協会調査部訳（三省堂、昭19）／二六〇頁　一〇、〇〇〇円

179 **アッサム史** エドワード・ゲイト著、民族学協会調査部

アジア学叢書 THE LIBRARY OF ASIA 既刊

訳（三省堂、昭20）／四六〇頁　一五、〇〇〇円

180 **イラク王国**　荻野博（東亜研究所、昭19）／四三〇頁　一四、〇〇〇円

181 **アジヤロシヤ民族誌**　沼田市郎訳編（彰考書院、昭20）／四〇〇頁　一三、〇〇〇円

182 **西北蒙古誌　第二巻 民俗・慣習編**　G・N・ポターニン著、東亜研究所訳（龍文書局、昭20）／五二〇頁　一七、〇〇〇円

第24回【アジア写真集Ⅰ】全8巻　一二一、〇〇〇円

183 (1)**中国大陸民衆風俗写真帖**（**中国民衆風俗写真帖／満洲民衆風俗写真帖／新版 北支民衆風俗写真帖**）（大正写真工芸所、昭15／大正写真工芸所、昭和11／中戸川洋行、無刊記）／二〇〇頁　一七、〇〇〇円

184 (2)**南満洲写真大観**（満洲日日新聞社印刷部、明44）／三二〇頁　一九、〇〇〇円

185 (3)**満洲写真帖　昭和二年版**（南満洲鉄道株式会社、昭3）／一六〇頁　一〇、〇〇〇円

186 (4)**第二回登録　満洲国写真集**（満洲事情案内所、昭17）／一三〇頁　八、〇〇〇円

187 (5)**満鉄写真帖**（南満洲鉄道株式会社、昭1）／一一〇頁　八、〇〇〇円

188 (6)**写真帖　朝鮮**（朝鮮総督府、大10）／一二〇頁　一五、〇〇〇円

189 (7)**台湾生蕃種族写真帖　附・理蕃実況**（成田写真製版所、大1）／一六〇頁　一七、〇〇〇円

190 (8)**南洋庁始政十年記念　南洋群島写真帖**（南洋庁、昭7）／一九〇頁　一七、〇〇〇円

第25回【アジア写真集Ⅱ】全6巻　一二〇、〇〇〇円

191 (9)**北方大観**（国風会出版部、大14）／二七〇頁　二〇、〇〇〇円

192 (10)**インドシナ写真集**（仏領印度支那写真集／仏印南支 海南島写真集）（大阪商船株式会社、昭17／海南印刷公司、昭16）／二二〇頁　一九、〇〇〇円

193 (11)**印度仏蹟緬甸暹羅　視察写真録**　原宜賢（東光堂、大15）／五二〇頁　三〇、〇〇〇円

194 (12)**満洲国都・新京写真集**（**躍進する 国都の展望／新京概観**）（大正写真工芸所新京営業部、昭15／昭16）／一二〇頁　一五、〇〇〇円

195 (13)**ハルピン写真集**（**最新 哈爾浜の展望／哈爾浜写真帖**）（大正写真工芸所新京営業部、昭14／日信洋行、昭14）／一五〇頁　一七、〇〇〇円

196 (14)**中支写真集**（**中支大観写真帖／皇威輝く 中支之展望／皇威輝く 武漢三鎮之展望**）（華中洋行、昭16／大正写真工芸所、昭16／大亜公司、昭14）／二四〇頁　一九、〇〇〇円

第26回【農業生活】 全8巻 一一〇、〇〇〇円

197 **朝鮮総督府農事試験場二拾五周年記念誌 上巻**（朝鮮総督府、昭6）／七四〇頁 二二、〇〇〇円

198 **朝鮮総督府農事試験場二拾五周年記念誌 下巻**（朝鮮総督府、昭6）／六〇〇頁 一八、〇〇〇円

199 **朝鮮の農村生活** 板谷英生（『満洲農村記（鮮農篇）』大同印書館、昭18）／三六〇頁 一一、〇〇〇円

200 **満洲の農村生活**（『満洲農村雑話』満洲評論社、昭14／『満洲農村民謡輯』満洲事情案内所、昭和15）／四〇〇頁 一二、〇〇〇円

201 **満洲の農業**（南満洲鉄道株式会社総務部調査課、昭6）／三〇〇頁 一〇、〇〇〇円

202 **満洲農業気象報告**（南満洲鉄道株式会社農務課、昭6・9・11）／四八〇頁 一六、〇〇〇円

203 **北方農業機具解説 附録 満洲開拓と北海道農具** 常松栄（北方文化出版社、昭18）／二七〇頁 九、〇〇〇円

204 **水を中心として見たる 北支那の農業** 和田保（成美堂書店、昭17）／三〇〇頁 一二、〇〇〇円

第27回【中国を知るⅠ・人と風土】 全10巻 一二五、〇〇〇円

205 **生活習慣 北支那篇** 米田祐太郎（教材社、昭16［10版］）／三六〇頁 一一、〇〇〇円

206 **生活習慣 中支那篇** 米田祐太郎（教材社、昭16）／三二〇頁 一一、〇〇〇円

207 **生活習慣 南支那篇** 米田祐太郎（教材社、昭16）／三二〇頁 一一、〇〇〇円

208 **支那風俗の話** 後藤朝太郎（大阪屋号書店、昭2）／五五〇頁 一七、〇〇〇円

209 **支那行脚記** 後藤朝太郎（萬里閣、昭2［3版］）／五五〇頁 一八、〇〇〇円

210 **支那の体臭** 後藤朝太郎（汎文社、昭8）／四〇〇頁 一三、〇〇〇円

211 **支那の山寺** 後藤朝太郎（黄河書院、昭12）／三二〇頁 一一、〇〇〇円

212 **支那民間の神々** 沢村幸夫（象山閣、昭16）／二七〇頁 九、〇〇〇円

213 **支那民俗風景** E・D・ハーヴェイ著、高垣勣次郎訳（龍吟社、昭17）／二七〇頁 九、〇〇〇円

214 **支那住宅志** 南満洲鉄道株式会社経済調査会編（南満洲鉄道株式会社、昭7）／四七〇頁 一五、〇〇〇円

第28回【中国を知るⅡ・人と社会】 全9巻 一二四、九〇〇円

215 **支那風俗 巻上** 井上紅梅（日本堂書店、大9）／五一六頁 一六、〇〇〇円

216 **支那風俗 巻中** 井上紅梅（日本堂書店、大10［大11再版］）／五七四頁 一八、〇〇〇円

217 **支那風俗 巻下** 井上紅梅（日本堂書店、大10［大11再版］）／五三〇頁 一六、〇〇〇円

218 **支那商店と商慣習** 米田祐太郎（教材社、昭15）／四〇二頁 一三、〇〇〇円

219 **支那の商人生活** 米田祐太郎（教材社、昭15）／三〇六頁 九、九〇〇円

220 **支那広告宣伝の技術** 米田祐太郎（教材社、昭16）／三五二頁 一一、〇〇〇円

221 **支那通** 後藤朝太郎（『支那旅行通（通叢書）』四六書院、昭5／『支那料理通（通叢書）』四六書院、昭5［3版］／『歓楽の支那』日本郵船営業部船客課、大14）／五五六頁 一八、〇〇〇円

222 **支那の下層民** 後藤朝太郎（高山書院、昭14）／三七四頁 一二、〇〇〇円

223 **支那の奇習と異聞** 井出季和太（平野書房、昭10［改訂版］）／三三六頁 一一、〇〇〇円

第29回【民俗】 全9巻 一〇九、三〇〇円

224 **土俗学上より観たる蒙古 1** 鳥居きみ子（六文館、昭6）／八七〇頁

225 **土俗学上より観たる蒙古 2** 鳥居きみ子（六文館、昭6）／四九〇頁 （二巻揃）四三、〇〇〇円

226 **支那の馬**（支那風物叢書第七編） 中野江漢（支那風物研究会、大13）／二四〇頁 八、〇〇〇円

227 **支那絨毯考** 高木英彦（泰山房、昭11）／二二〇頁 七、三〇〇円

228 **朝鮮民謡の研究** 市山盛雄（坂本書店、昭2［再版］）／二二〇頁 七、五〇〇円

229 **台湾宗教と迷信陋習** 曽景来（台湾宗教研究会、昭13［昭14再版］）／五三〇頁 一六、〇〇〇円

230 **台湾農民生活考** 梶原通好（緒方武蔵、昭16）／二二〇頁 六、八〇〇円

231 **暹羅《シャム》案内** 暹羅室（暹羅室、昭13［昭14三版］）／三七〇頁 一二、〇〇〇円

232 **仏印老檛《らおす》** 水谷乙吉（丸善、昭17）／二八〇頁 八、七〇〇円

第30回【物産】 全8巻 一三八、〇〇〇円

233 **朝鮮の物産**（調査資料第一九輯） 朝鮮総督府（昭2）／九〇〇頁 二七、〇〇〇円

234 **満洲の物産**（満洲事情案内所報告47） 河村清（満洲事情案内所、昭14）／三五〇頁 一一、〇〇〇円

252 **南海群島の神話と伝説**　齋藤正雄（宝雲舎、昭16［昭17再版］）／三五〇頁　一三、五〇〇円

253 **仏教事物由来伝説の研究　前編**　西原芳俊（顕道書院、昭13［昭14三版］）／六〇〇頁　二一、五〇〇円

254 **仏教事物由来伝説の研究　後編**　西原芳俊（顕道書院、昭13［昭15五版］）／六二〇頁　二二、五〇〇円

第33回【海運】全7巻　一一六、五〇〇円

255 **大東亜海運研究**　日本経済聯盟会調査課（生活社、昭17）／四五〇頁　一六、五〇〇円

256 **支那の航運**　東亜海運（昭18）／七七〇頁　二八、五〇〇円

257 **戎克　中国の帆船／支那の戎克と南満の三港**（満鉄調査資料第六十九編）　中支戎克協会（昭16）／南満洲鉄道庶務部調査課（昭2）／三一〇頁　二二、五〇〇円

258 **台湾海運史**　海運貿易新聞台湾支社（昭17）／五三〇頁　一九、〇〇〇円

259 **海運より見たる太平洋諸島**　岩尾久弥（二里木書店、昭18）／三九〇頁　一四、〇〇〇円

260 **泰国及仏印の海運**　米田倭文夫（木村書店、昭19）／三六〇頁　一三、二〇〇円

261 **東印度の海運**　米田倭文夫（日光書院、昭18）／三四〇頁　一二、八〇〇円

第34回【アジア写真集Ⅲ】全6巻　一一三、〇〇〇円

262 (15) **南太平洋諸島　写真と解説**　南洋庁（昭14）／二九〇頁　二四、二〇〇円

263 (16) **南海の明暗　印度洋・アフリカ・内南洋・紀行写真集**　深尾重光（アルス、昭16）／三五〇頁　二五、八〇〇円

264 (17) **熱帯植物　産業写真集**　牧野宗十郎（東京開成館、昭13［昭17再版］）／二四〇頁　一七、八〇〇円

265 (18) **印度**　長谷川伝次郎（目黒書店、昭14［昭18三版］）／二五〇頁　一九、〇〇〇円

266 (19) **満洲農業図誌**　満鉄総裁室弘報課（非凡閣、昭16［昭16八版］）／二二〇頁　一七、二〇〇円

267 (20) **朝鮮博覧会記念写真帖**　朝鮮総督府（昭5）／二二〇頁　一八、〇〇〇円

第35回【紀行】全8巻　一一八、〇〇〇円

268 **イラン紀行**　ノーデン著、斎藤大助訳（東宛書房、昭16）／四〇〇頁　一六、〇〇〇円

269 **印度紀行**（新圏紀行叢書③）**／セイロン紀行**（新圏紀行叢書②）　ペンネル著、柳沢保篤訳（岡倉書房、昭17）／レッティー著、石久保重好訳（岡倉書房、昭17）／三三〇頁　一三、五〇〇円

アジア学叢書　THE LIBRARY OF ASIA　既刊

270 **スマトラ紀行／ジャヴァ紀行**（新圏紀行叢書①）　筑紫二郎（大仙書房、昭18）／シェルテマ著、高柳春之助訳（岡倉書房、昭17）／四〇〇頁　一五、八〇〇円

271 **ボルネオ紀行　その生活と資源を探る**　小倉清太郎（畝傍書房、昭16）／三五〇頁　一四、〇〇〇円

272 **東印度紀行**　島崎新太郎（那珂書店、昭17）／三三〇頁　一三、五〇〇円

273 **南方農業紀行**　三木末武（六芸社、昭19）／四二〇頁　一六、二〇〇円

274 **南方昆虫紀行**　石井悌（大和書店、昭17）／三四〇頁　一三、八〇〇円

275 **樺太紀行　北緯五十度の旅**　若泉小太郎（互光社、昭6）／三八〇頁　一五、二〇〇円

第36回【旅行・案内記】　全6巻　一二〇、〇〇〇円

276 **満洲の旅**　太原要（マンチュリヤ・デーリー・ニュース、昭15）／五七〇頁　二一、〇〇〇円

277 **最新　支那旅行案内　改訂増補版**　後藤朝太郎（黄河書院、昭15［昭15五版］）／三二〇頁　一二、五〇〇円

278 **蒙古案内記　附大同石仏案内記／支那蒙古遊記**　岩崎継生（蒙疆新聞社、昭14［昭14再版］）／グラハム・ペック著、高梨菊二郎訳（青年書房、昭15）／六三〇頁　二三、〇〇〇円

279 **南洋旅行**（旅行叢書第九）**／台湾旅行**（旅行叢書第十一）　秋守常太郎（秋守常太郎、昭13／昭16）／五四〇頁　二〇、〇〇〇円

280 **印度旅行記**　天沼俊一（飛鳥園、昭6）／七八〇頁　三〇、〇〇〇円

281 **印度旅行**（旅行叢書第十）　秋守常太郎（秋守常太郎、昭14）／三六〇頁　一三、五〇〇円

第37回【華僑】　全7巻　一一八、〇〇〇円

282 **華僑の研究**　企画院（松山房、昭14）／四二〇頁　一六、〇〇〇円

283 **華僑問題と世界／華僑　その地位と保護に関する研究**（東亜人文撰書）　黄警頑著、左山貞雄訳（大同書院、昭16）／H・F・マックネヤ著、近藤修吾訳（大雅堂、昭20）／六二〇頁　二三、〇〇〇円

284 **華僑**　井出季和太（六興出版部、昭17［昭19四刷］）／四〇〇頁　一五、〇〇〇円

285 **増補　華僑史**　成田節男（蛍雪書院、昭16［昭17増補］）／五〇〇頁　一八、〇〇〇円

286 **東亜共栄圏と南洋華僑** 芳賀雄（刀江書院、昭16）／四四〇頁 一六、〇〇〇円
287 **南洋の華僑** 後藤朝太郎（高山書院、昭17）／四二〇頁 一五、五〇〇円
288 **南洋の華僑 増訂版** 南洋協会（目黒書店、昭15［昭17増訂三版］）／三八〇頁 一四、五〇〇円

第38回【民族】 全7巻 一一二、〇〇〇円

289 **アジアの諸民族** バツクストン著、厚生省人口問題研究所訳編（人口問題研究会、昭17）／三〇〇頁 一〇、五〇〇円
290 **印度民族史** 外務省調査局監修（日本外政協会、昭11［昭17再版］）／四六〇頁 一六、〇〇〇円
291 **スマトラの民族**（東研叢書13） E・M・ローブ著、東亜研究所訳（東亜研究所、昭19）／六〇〇頁 二一、〇〇〇円
292 **南太平洋の民族と文化**（図解比較民族学） G・ブシャン著、小堀甚二訳（聖紀書房、昭19）／四七〇頁 一六、〇〇〇円
293 **トルコ・その民族と歴史** レンギル著、荒井武雄訳（興風館、昭18）五二〇頁 一八、五〇〇円
294 **ブリヤート蒙古民族史**（蒙古研究叢書3） クドリヤフツエフ著、蒙古研究所訳（紀元社、昭18）／五一〇頁 一八、五〇〇円
295 **外郭アジアの民族と文化**（図解世界民族学） A・ビーハン著、本田弥太郎・伊藤浩夫訳（彰考書院、昭19）／三二〇頁 一一、五〇〇円

第39回【南洋2】 全5巻 一三二、四〇〇円

296 **南洋案内** 南洋協会編（南洋協会、昭17［昭17再版］）／八〇〇頁 二八、八〇〇円
297 **南洋建設講座** 林銑十郎監修、国防協会編（松山房、昭18）／八九〇頁 三三、〇〇〇円
298 **大南洋諸島の全貌** F・M・キージング著、日本外政協会太平洋問題調査部訳（同盟通信社、昭18）／七四〇頁 二七、〇〇〇円
299 **南洋鉱産資源** 南洋協会編（生活社、昭15［昭17四版］）／七〇〇頁 二七、六〇〇円
300 **中華民族南洋開拓史** 劉継宣著、種村保三郎訳（東都書籍、昭18）四五〇頁 一七、〇〇〇円

第40回【アジアの海と島々】 全5巻 一一七、五〇〇円

301 **太平洋航海史／太平洋の歴史** 東村大三郎（二里木書店、昭18）／S・ローヂャース著、北見総一訳（モナス、昭7）／七二〇頁 二六、〇〇〇円

アジア学叢書 THE LIBRARY OF ASIA 既刊

302 **亜細亜民族と太平洋／太平洋 島の解剖** 松本悟朗（誠美書閣、昭17［昭17再版］）／佐藤定勝（大同印書館、昭16［昭17二十版］）／六九〇頁 二五、五〇〇円

303 **南支那海之一大宝庫 海南島／南支那海物語 海賊船同舟記** 後藤元宏（武道社、昭7）／A・E・リリウス著、山本実訳（教材社、昭15）／六四〇頁 二五、二〇〇円

304 **南太平洋諸島** 小林織之助（統正社、昭17）／七七〇頁 二八、〇〇〇円

305 **南太平洋探航記** J・フライシマン著、東健吉訳（ふたら書房、昭16）／三四〇頁 一二、八〇〇円

第41回【ビルマを知る】 全6巻 一一〇、〇〇〇円

306 **ビルマの現実**（太平洋叢書） 斎藤博厚（海洋文化社、昭16）／四〇〇頁 一四、五〇〇円

307 **ビルマの歴史と現状** 張正藩著、国本嘉平次訳補（大阪屋号書店、昭16［昭17再版］）／三九〇頁 一五、二〇〇円

308 **現代ビルマの全貌** J・L・クリスチャン著、日本外政協会太平洋問題調査部訳（同盟通信社、昭18）／五九〇頁 二五、二〇〇円

309 **ビルマの農産資源**（東研叢書6）**／緬甸の米**（世界の米（其の一）） 東亜研究所（東亜研究所、昭17）／農林省米穀局編（農林省米穀局、昭13）／四二〇頁 一六、〇〇〇円

310 **ビルマ遊記** 畑中俊応（甲子社書房、昭4）／八一〇頁 二九、五〇〇円

311 **ビルマの幽境**（大東亜文庫） C・M・エリンク著、緬甸研究会訳編（興文社、昭17）／二五〇頁 九、六〇〇円

第42回【総目次】 全3巻 七三、〇〇〇円

312 **既刊総目次1**（第1〜100巻） 五五〇頁 二五、〇〇〇円

313 **既刊総目次2**（第101〜200巻） 五三〇頁 二三、〇〇〇円

314 **既刊総目次3**（第201〜311巻） 六〇〇頁 二六、〇〇〇円

第43回【南方事情（タイとマレー）】 全6巻 八〇、〇〇〇円

315 **南方事情早わかり 附五ヶ国語会話** 矢代不美夫（婦女界社、昭17）／三九〇頁 二〇、〇〇〇円

316 **泰国・仏印と日本人** 福中又次（婦女界社、昭16［昭16五版］）／二二〇頁 一一、〇〇〇円

317 **タイの文化** 常岡悟郎（六盟館、昭17）／二七〇頁 一二、四〇〇円

318 **暹羅の芸術** 三木栄（黒百合社、昭5）／一九〇頁 八、六〇〇円

319 **新たなるタイ** 宮原武雄（図書研究社、昭17）／二六〇頁 一一、八〇〇円

320 **マレーの歴史・自然・文化** ウィンステッド著、野口勇訳（有光社、昭18）／三七〇頁 一六、二〇〇円

第44回【台湾】 全4巻 八八、〇〇〇円

321 **台湾島の現在** 大谷光瑞（大乗社、昭10）／八三〇頁 三一、五〇〇円

322 **施政四十年の台湾** 台湾総督官房調査課（伊藤憐之助、昭10）／三四〇頁 一三、五〇〇円

323 **台湾旧慣 冠婚葬祭と年中行事** 鈴木清一郎（台湾日日新報社、昭9）／五七〇頁 二五、〇〇〇円

324 **台湾民族性百談** 山根勇蔵（杉田書店、昭5）／四八〇頁 一八、〇〇〇円

第45回【エリア・山東】 全3巻 七八、〇〇〇円

325 **山東案内 昭和十六年版** 前田七郎（日華社、昭15九版）／六〇〇頁 二七、〇〇〇円

326 **山東の史蹟と史談** 馬場春吉（東文化研究会、昭19）／八五〇頁 三二、〇〇〇円

327 **朝鮮及満洲之研究 第一輯 附膠州湾及山東省事情** 朝鮮雑誌社（朝鮮雑誌社、大3）／四八〇頁 一九、〇〇〇円

第46回【エリア・長江】 全6巻 九〇、〇〇〇円

328 **長江要覧** 一色忠慈郎（飯田三宝堂印刷所、昭3）／二六〇頁 一二、〇〇〇円

329 **長江千里** 後藤朝太郎（高陽書院、昭13）／三四〇頁 一二、五〇〇円

330 **揚子江案内 長江の旅** 上海経済新報編輯局（日本堂書店、大14）／二五〇頁 一一、〇〇〇円

331 **南華とはどんな処か／揚子江沿岸の主要都市概況** 森岳陽（大阪屋号書店、昭6）／酒井一好（日華貿易産業㈱出版部、昭14）／三四〇頁 一四、〇〇〇円

332 **支那長江貿易詳覧** 伊夫伎孫治郎（南光社、大11）／四三〇頁 二〇、〇〇〇円

333 **華中貿易読本** 上海毎日新聞社（上海毎日新聞社、昭15）／五一〇頁 二〇、五〇〇円

第47回【言語（タイ語）】 全4巻 一〇五、〇〇〇円

334 **タイ文字の起原と用法 附 新綴字語／新制 タイ語とタイ字** 奥野金三郎（日本書肆、昭19）／星田晋五（大東亜出版、昭19）／三六〇頁 二三、五〇〇円

335 **タイ語文典** 江尻英太郎（大八洲出版、昭19）／三七〇頁 二三、五〇〇円

336 **タイ語の研究** 久田原正夫（日本出版社、昭17）／三一〇頁 二〇、五〇〇円

337 **日・泰双用 タイ語（日本語）基礎** 富田竹二郎（江南書院、昭32）／八一〇頁 三八、五〇〇円

第48回【食（中国）】 全5巻

338 **支那食糧政策史**（支那文化叢書）**／支那の食糧事情**（調査資料第六輯） 馮柳堂著、森儀一訳（人文閣、昭16）／東亜経済懇談会（東亜経済懇談会、昭17）四七〇頁 九八、〇〇〇円

339 **随園食単新釈補填 支那料理基本智識** 竹田胤久（陶楽荘、昭13［昭13改訂再版］）／四五〇頁 二二、〇〇〇円

340 **満洲料理法 一品料理の部** 佐藤美智子・小原楓（満洲事情案内所、昭17）／二七〇頁 一四、〇〇〇円

341 **満洲食養読本 大陸日本の正しい食物／満洲の薬用人参** 桜沢如一（日本食養研究所、昭14）／篠田信二（篠田信二、昭5）／二八〇頁 一四、〇〇〇円

342 **満洲野生食用植物図説** 向坂正次（千葉書店、昭17）／五七〇頁 二五、五〇〇円

第49回【言語2（マレー語）】 全5巻 一二二、五〇〇円

343 **馬来―日本語字典** バチー・ビン・ウォンチ、平岡閏造（南洋協会台湾支部、昭10）／九一〇頁 四二、〇〇〇円

344 **実用馬来語辞書** 増淵佐平（花屋商会書籍部、昭2）／三一〇頁 一三、〇〇〇円

345 **最新 馬来語教本 附 馬日・日馬・小辞典** 上原訓蔵（新正堂、昭17）／二五〇頁 一四、〇〇〇円

346 **馬来語広文典** 宇治武夫（岡崎屋書店、昭15［昭17三版］）／五〇〇頁 二一、〇〇〇円

347 **標準マライ語文法** 鶴岡一雄（南洋協会、昭18）／五五〇頁 二二、五〇〇円

第50回【アジア巡り】 全6巻 一一〇、〇〇〇円

348 **カメラとペン 蘭印踏破行** 渋川環樹（有光社、昭16）／四四〇頁 二一、五〇〇円

349 **インドネシアン 蘭印の実体** 竹井十郎（岡倉書房、昭16）／三七〇頁 一八、五〇〇円

350 **南洋景観** 高宮久太郎（八雲書林、昭15）／二二〇頁 一二、〇〇〇円

351 **南太平洋踏査記** 秋本貫一（日比谷出版社、昭18）／四二〇頁 二〇、〇〇〇円

352 **樺太風物抄** 谷内尚文（七丈書院、昭19）／二五〇頁 一三、〇〇〇円

353 **アラビア奥地行** シーブルック著、斎藤大助訳（大和書店、昭18）／六〇〇頁 二五、〇〇〇円

第51回【満洲Ⅰ】 全5巻 一〇一、〇〇〇円

354 **満洲事典 昭和十四年版**（社員会叢書第39輯） 千田万三

（満鉄社員会、昭14）／四三〇頁　二三、七〇〇円

355 **満洲移住生活**　三浦悦郎『満洲移住読本』（改造社、昭14）／拓務省拓務局『満洲青年移民の栞』（拓務省拓務局、昭13）／牛久昇治『満洲に適する健康生活』（大阪屋号書店、昭15［昭17四版］）／四五〇頁　二四、〇〇〇円

356 **満洲国事情**　満洲事情案内所『満洲国勢』（満洲事情案内所報告74）（満洲事情案内所、昭15）／東亜旅行社『満洲』（東亜旅行叢書第28輯）（東亜旅行社、昭18）／日満実業協会『満洲の採金に就て』（日満実業協会、昭10）／四〇〇頁　二一、〇〇〇円

357 **満洲建国の人々**　鷲尾雨工（潮文閣、昭19）／三九〇頁　一九、八〇〇円

358 **簡易 満洲案内記 昭和十三年版**　南満洲鉄道（南満洲鉄道、昭13）／一六〇頁（付「別冊 折込図表」）　一二、五〇〇円

第52回【鮮満（朝鮮・満洲）】全4巻　九四、〇〇〇円

359 **朝鮮満洲 支那のぞ記**　小野賢一郎（東京刊行社・大阪屋号書店、大11［大11再版］）／三三〇頁　一九、〇〇〇円

360 **鮮満地方**　大喜多筆一『新朝鮮』（鮮満協会、大11［昭3三版］）／平野博三『鮮満の車窓から』（大阪屋号書店、大13）／朝鮮総督府鉄道局『南鮮地方 昭和十四年版』（朝鮮総督府鉄道局、昭14）／四九〇頁　二七、〇〇〇円

361 **朝鮮の経済**　鮮満研究協会『朝鮮 各都邑の経済』（鮮満研究協会、大15）／京城商工会議所『朝鮮産業経済便覧 昭和十四年版』（京城商工会議所、昭14）／五七〇頁　二八、〇〇〇円

362 **朝鮮を視る**　東京市教員会『鮮満旅行記』（標準教科書出版協会、昭8［昭10再版］）／東京府青年指導者視察団『鮮満北支瞥見記』（東京府青年指導者視察団、昭14）／福岡県教育会鮮満視察団『福岡県鮮満教育視察記録』（福岡県教育会鮮満視察団、昭13）／三六〇頁　二〇、〇〇〇円

第53回【満洲Ⅱ】全5巻　一一〇、〇〇〇円

363 **満洲事変秘史**　津田元徳（満洲文化協会、昭9［第二版］）／八八〇頁　四〇、〇〇〇円

364 **建国前後**　三宅光治（満洲新聞社、昭19）／三〇〇頁　一六、五〇〇円

365 **建設者の息吹**　田村敏雄（新京日日新聞社出版部、昭15）／三八〇頁　一八、八〇〇円

366 **満洲牧場記**　関屋牧（奉天大阪屋号書店、昭18）／三五〇頁　一八、〇〇〇円

367 **満蒙を正視して／鮮満の旅**　西内精四郎（大連中等学校満蒙研究会、昭6）／大場運次（大場運次、昭16）／二九〇頁　一六、七〇〇円